개에 대해 알고 싶은 모든 것

개도 웃나요? 사육서에는 쓰여 있지 않은, 지금까지 몰랐던 100가지 질문
개의 세계를 100% 이해할 수 있는 전혀 새로운 개의 기본서!

만물상자

개에 대해 알고 싶은 모든 것...

초판 제1쇄 초판발행 2004년 6월 28일

지은이   노무라 준 이치로
번역자   고영옥
발행인   정상우
발행처   북키앙(주)

등록번호   제22-2190호
등록일자   2002. 08. 07

주소   (우)110-800 서울 종로구 계동 78-1
대표전화   (02) 747-8434
대표팩스   (02) 747-8436
대표메일   book@bookian.co.kr

ISBN 89-90509-27-0   13030

개에 대해 알고 싶은 모든 것

| 노무라 준 이치로 노무라 수의과 병원장 지음 |

| 고영옥 옮김 |

만물상자

작가의 말

요즘 우리 주변에는 개에 관한 책들이 그야말로 범람하고 있습니다. 하지만 지금까지 출간된 책 중 정말 읽기 쉽고, 재미있고, 유익하며 이해가 잘 되는 책은 몇 권 없었습니다. 이 책, 저 책 모두 생크림처럼 달콤하기는 했지만 정작 중요한 핵심에는 접근하고 있지 않기 때문입니다. 간혹 어떤 책 중에는 저자가 정말 개를 기른 경험이 있을까? 하는 생각이 들 정도의 것도 있었습니다.

개는 뛰어난 사회성과 높은 지능을 가진 멋진 동물입니다. 또한 개를 기르는 일은 어머니가 되는 일과 같습니다. 때문에 야단을 칠 일이 있으면 바닥을 손으로 두드리며 "안돼!"라는 말만 해서 개에게 신뢰를 잃는 일은 하지 마십시오. 개가 해서는 안 될 일을 했을 때 "이 녀석 그러면 안돼"라고 하고 한 대 철썩 때려 주는 것이 올바른 교육입니다. 여러분의 어머니가 여러분에게 그러셨던 것처럼 개에게도 깊은 애정을 쏟아 주십시오. 때리는 손이 더 아플 수 있는 것이 사랑입니다.

개와 함께하는 인생은 아주 즐겁습니다. 개만 있으면 아무것도 필요치 않습니다. 저는 나중에 사망한 후 나가노 시에 있는 연화사의 개, 고양이 묘지에 저의 애견과 함께 묻힐 생각입니다. 여러분이 여러분의 애견과 처음 만났을 때의 그 설레었던 마음을 끝까지 간직하시길 부탁드립니다.

이 책은 가벼운 마음으로 읽을 수 있도록 인터뷰 형식을 취해 출판한 책입니다. 또한 이 책은 애견가 여러분이 수의사인 제게 질문하셨던 것들을 중심으로 지금껏 다른 책에서는 다뤄지지 않았던 것을 선택하고, 직접 체험한 경험들을 기준으로 하고 있습니다.

이번 출판을 위해 휴일도 반납한 채 애써 주신 미디어 팩토리에 깊은 감사를 드립니다.

노무라 수의과 병원장
DR. 노무라 준 이치로

C·O·N·T·E·N·T·S

SECTION 3.
개의 성과 종류

SECTION 4.
개의 행복

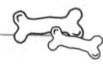

SECTION 5.
개의 역량

SECTION 6.
개의 불가사의한 점들

SECTION 1.
개와 산책

" 개는 후각이 발달한 동물입니다.
때문에 사람들은 산책을 하는 동안 주위의 경치를 감상하고,
개들은 오로지 냄새를 맡습니다.
모처럼 함께 산책을 나갔는데 밤하늘의 별을 본다든지 먼 산의 노을 지는 것을
감상하기는 커녕 그저 땅만 보며 냄새나 맡고 구멍을 파는 이유가 여기에 있습니다. "

Q1. 산책시키지 않은 날, 개는 어느 정도나 아쉬워하나요?

꽤 아쉬워합니다. 개는 일반적으로 먹는 것보다 산책하는 것을 좋아합니다. 보통 개들은 새끼에게 젖을 물리고 있을 때라도 먹을 것을 보면 새끼를 밀치고 먹이를 향해 달려 갈만큼 먹는 것을 좋아합니다. 하지만 이보다 더 좋아하는 것이 바로 산책이지요. 그러나 사람처럼 "밖으로 외출하니 정말 상쾌하다."라는 느낌과는 다릅니다. 산책은 주인과의 공동 작업이며 개는 자신의 주인이 세상에서 가장 힘세고 멋지다고 생각합니다. 그런 주인과 함께 마치 퍼레이드를 하는 것과 같은 산책은 개로서는 득의만만한 것이지요. 그러므로 개와의 산책은 서로 떼려 해도 뗄 수 없는 관계입니다.

Q2. 개는 어느 정도
산책을 하고 싶어 할까요?

병에 걸려 제 몸이 아파도 하고 싶어 할 정도입니다. 제가 예전에 기르던 도베르만(Doberman)종 '리라'는 암에 걸려 걷는 것도 힘들었지만 산책은 지속적으로 하고 싶어 했습니다. 비틀거리는 다리로 도중에 몇 번씩 쓰러져 가면서도 늘 다니던 길을 가려 했지요. 제가 곁에서 부축하고 겨우 한바퀴 돌아볼 정도였는데도 말입니다.

개에게 있어 항상 다니던 길은 오직 그 만의 세계인 것입니다. 사람들이 그저 하는 일 없이 걷는 것과는 확연히 다른 것이죠. 즉 사람이 하는 산책과는 의미가 다릅니다. 사람들이야 하루 산책하지 않았다고 큰일 나는 것은 아니지만 개들에게는 산책이야말로 산책 이상의 특별한 일입니다.

Q3. 개에게 산책이란
어떤 의미가 있을까요?

개들은 산책하는 동안 여러 가지 행동을 보여줍니다. 암캐는 주위에 있는 수캐에게 알리기라도 하듯, 마치 자신의 '발정상태'를 알리려는 것처럼 보통 때보다 더 많은 오줌을 쌉니다. 수

캐는 수캐대로 '여기는 나의 영역이다' 라고 말하듯 될 수 있는 한 자신을 커다랗게 보이기 위해 다리를 번쩍 들어 높은 위치에 오줌을 쌉니다. 그야말로 갈긴다고 해야겠지요.

개는 후각이 발달한 동물입니다. 때문에 사람들은 산책을 하는 동안 주위의 경치를 감상하고, 개들은 오로지 냄새를 맡습니다. 모처럼 함께 산책을 나갔는데 밤하늘의 별을 본다든지 먼 산의 노을 지는 것을 감상하기는커녕 그저 땅만 보며 냄새나 맡고 구멍을 파는 이유가 여기에 있습니다. 사람이 보기에는 정말 한심한 행동처럼 보이죠. 하지만 그들에겐 그렇지가 않습니다. 그들에겐 마치 사교계에 등장한 것과 같은 일이니까요. 다시 말해 그들에겐 자신의 존재를 주위의 개들에게 어필시키는 시간인 것입니다. 결혼적령기의 남녀가 친구들과 시내에 놀러 나가거나 애인을 찾기 위해 떠나는 것처럼 말이죠.

산책은 생활의 일부이며 본능을 만족시키기 위한 행동입니다. 따라서 목에 줄을 매고 집에 갇혀 있는 것은 몸이 아파 누워 있는 것보다 싫은 것입니다. 예를 들면 몸도 아주 건강하고 한창 예쁠 나이의 아가씨가 친구들과의 만남도, 데이트도 없이 집에 갇혀 있다고 생각해보십시오. 주위 친구들은 춤도 추러 다니고 술도 마시러 가고 때론 남자들이 말도 걸어오고, 그렇게 재미있게 지내는데 혼자만 움직일 수 없는 처지로 바라봐야 하는 심정, 바로 그런 것입니다. 즉 이것은 단순히 놀고 즐긴다는 의미를 넘어서 남에게 뒤처지는 것과 같은 초조함입니다.

내 애완견, 내 것이라는 편일 된 생각으로 본능을 충족시키기 위한 행동을 줄로 매어 놓아서는 안 됩니다. 개의 산책은 단순한 산책이 아닙니다. '행동' 또는 '일' 이라고 생각해야 합니다.

Q4. 매일 산책시키는 것이 힘들어 아르바이트를 쓸까 하는데요.

산책은 주인과 함께하는 것이 좋습니다. 물론 다른 나라의 경우 '독(Dog)' 이란 직업이 있습니다. 1회에 일만 이천원정도의 돈을 받고 여러 마리의 개를 한꺼번에 산책시키는 직업이지요. 그러나 이것은 단지 한사람이 여러 마리의 개를 줄로 매이 걷게 히는 것으로 개에게는 관절과 근육운동만 될 뿐입니다. 앞에서도 말한 것처럼 개에게 있어 산책이란 엄연한 '일' 입니다. 따라서 주인 아닌 다른 사람에게 이끌리어 걷는다는 것은 별 의미 없는 일입니다. 개는 자신이 가장 존경하고 있는 자신의 주인과 함께 하고 싶어 합니다.

한번은 이런 일이 있었습니다. 어느 날 밤, 어두운 길 건너편에서 한 마리의 개가 힘없이 고개를 떨어뜨리고 어떤 여자와 함께 나를 향해 오고 있었습니다. 그 개는 고개를 숙이고 있었는데 어두웠지만 왠지 몹시 실망한 듯 보였습니다. 그들과 나는 점점 가까워졌고 마침내

만나게 되었습니다. 그런데 그 개는 다름 아닌 바로 제 개였습니다. 함께 오던 여자는 제 아내였고요. 그리고 그토록 실망스런 표정의 개는 갑자기 나타난 저를 보자마자 표정이 밝아지면서 눈을 반짝거리고 순식간에 저를 향해 달려왔습니다.

개는 당당하게 가슴을 쭉 펴고 여기저기 냄새를 맡으며 걷습니다. 자전거를 타고 지나가는 사람에게는 마치 싸움이라도 걸 듯 걷습니다. 마치 아이들이 싸울 때 뒤에 든든한 아버지가 버티고 있으면 힘이 나는 것과 같은 이치죠.

개가 생각하는 한 자기가 하고 싶은 대로 마음껏 할 수 있는 때가 주인과 산책할 때입니다. 따라서 주인 아닌 다른 사람과의 산책이라면 하고 싶은 행동을 제대로 할 수 없습니다. 특히 잘 알지도 못하는 사람에게 이끌리어 걷는다는 것은 마치 허수아비와 함께 걷는 모습과 같습니다. 개는 주인과 함께 할 때 힘이 나고 적극적이 되는 것입니다. 즉 주인으로부터 멀어진다는 것은 배터리가 떨어진 장난감과 다를 것이 없습니다.

Q5. 넓은 마당에서 기른다면 따로 산책을 시키지 않아도 될까요?

그것은 틀린 생각입니다. 보통 넓은 마당에서 양육되는 개들은 밖에 데리고 나갈 경우 부끄러움을 많이 타게 됩니다. 마당은 그의 영역입니다. 영역 안에서는 뛰거나 공놀이를 하거나 줄을 잡아당기거나 하지만 밖에 나갈 경우는 예민해 질 가능성이 높습니다.

밖의 세상을 보여주는 것은 아주 중요한 일입니다. 미국 속담에 이런 말이 있습니다. '여자와 개는 밖에 내어 놓아야 한다. 그렇지 않으면 바보가 되니까.' 개와 여성을 동격으로 취급, 그것도 밖에 나가지 않으면 바보가 된다니 좀 심한 말이지만 확실히 그런 면도 없지 않은 것 같습니다. 예를 들면 환자들 중에서도 일을 하며 살아온 사람과 그렇지 않은 사람은 병에 대해 설명을 할 때도 받아들이는 이해력에 차이를 보입니다. 또 일생을 남편만 의지하며 살아 온 분과 어느 정도는 세파에 시달리며 적당한 스트레스를 받고 살아 온 분의 경우도 뇌의 회전은 다릅니다. 물론 특별히 뇌의 회전이 나쁘다고 해서 안 될 것은 없지만 어디까지나 기능적인 문제에 부딪혔을 때는 차이를 보인다는 것이지요.

　　이런 이유로 가끔은 시골에서 기르던 개를 도시에 데려다 놓았을 때 혹 자동차에 치이는 것은 아닐까 하는 염려를 하게 됩니다. 대개 도시의 개들은 뒤에서 자전거가 달려오거나 바로 옆에서 자동차가 쌩쌩 지나가는 등의 혼잡한 거리에서의 위험도 잘 감수합니다. 이미 익숙해졌기 때문이지요. 그리고 도시의 개는 이런 위험한 상황을 조금씩 익혀 가면서 마침내는 주인의 곁을 안전하게 걷습니다. 반면 시골의 목장 같은 곳에서 자유롭게 뛰어놀며 자란 개의 경우는 자동차의 무서움을 잘 모르기 때문에 아무 의심 없이 차도에 뛰어듭니다. 또 반대로 도시의 개를 목장에 풀어놨을 경우도 개는 어떻게 달려야 하는지, 어떻게 놀아야 하는지 잘 몰라 모처럼 넓은 장소가 주어졌음에도 그저 주인 곁만 맴 돌 뿐입니다. 일체의 사물에 대한 반응이 결국 경험에 의해 미묘한 차이를 보이는 것이지요.

　　개는 산책을 통해 본능적인 여러 가지 행동을 하게 되고 믿음직한 주인 뒤에서 아무 두려움 없이 자기 나름대로 즐기는 일이 가능해집니다. 냄새를 맡거나 구멍을 파거나 하는 일들 말이죠. 개에게 있어 바깥은 경험과 학습의 장이 되는 것입니다.

　　치매라는 것은 나이가 듦에 따라 신체적, 정신적인 기능이 쇠약해지는 것입니다. 하지만 나이를 먹는 것과는 상관없이 그렇게 되는 것은 학습능력의 결여라고 할 수 있겠죠. 보고 듣고 생각해서 해결하는 일, 그런 반복에 의해서 하나의 인격 아니 '견격' 이 생기는 것이 아닐까 생각합니다. 밖의 세상을 보여주며 조금씩 가르쳐 줍시다.

Q6. 산책을 시킴으로써 개의 능력이 향상 된다는데 그것이 사실인가요?

예, 사실입니다. 산책은 개의 능력을 효율적으로 증가시킵니다. 아시다시피 개는 인간사회에서 사람과 함께 살아가고 있는 최고의 가축입니다. 따라서 산책은 개가 인간사회에서 살아가는데 필요한 사회성을 몸에 익히는 경험의 장이 되기도 하고 또한 개들 사이에서의 커뮤니케이션을 학습하는 곳이 되기도 합니다. 그래서 아직 어린 새끼일 때 다 자란 큰 개와 어느 정도 함께 놀아 본 개는 나중에 다 자라서도 예의범절이 좋습니다. 그러나 다 자란 후에 처음으로 그런 상황에 부딪히게 되는 경우는 전혀 룰을 무시한 채 큰 싸움으로 이어지는 경우가 많습니다. 어린 새끼가 큰 개와 함께 놀면서 상하관계가 이루어지는 것이라기보다는 상대방에 대한 배려가 생기기 때문이죠.

허약한 새끼인 주제에 상대방이 어떻게 생각하고 있는지 아무 두려움 없이 큰 개 곁을 맴돌다가 죽임을 당하는 경우도 있습니다. 따라서 상대방의 기분을 살피게 되는 것이지요. 상대방을 배려하는 마음, 그 첫 단계는 자신을 지키기 위해 상대방의 마음이 어떤 상태인

지 아는 것입니다.

예를 들어 새끼가 좀 심한 장난을 치며 달려들면 "저리 가"란 뜻으로 '탁' 하고 놀라게 하죠. 그런 경우 새끼는 곧 "내가 좀 심했구나." 하고 생각하게 되는 것입니다. 그리고 오줌을 싸는 반응을 보이기도 하지요. 그러면 아무리 화가 난 큰 개도 그 이상은 공격하지 않게 됩니다. 그런 반응을 보이는 귀여운 새끼를 보면서 힘껏 물거나하는 일은 없으니까요. 하지만 정신적으로 문제가 있는 개의 경우는이러한 것이 일절 적용되지 않으니 조심하기 바랍니다.

오랫동안 집에만 있던 개를 어느 날 갑자기 공원에 데리고 나갈경우, 주인은 자신의 개가 어떤 행동을 할지 알 수 없습니다. 더구나처음 개를 기르는 사람일 경우에는 먹이를 먹으려고 가까이 다가오는 것인지 아니면 어떤 위험이 도사리고 있는 것인지조차 구별하기힘들 수 있습니다. 또 "어머, 개가 참 크네요."라고 말을 걸며 가까이다가오는 사람을 덥석 물어 버릴 수도 있습니다. 개는 항상 낯선 사람을 경계하니까요.

그러면 정상적인 개인지 아닌지 어떻게 구별할 수 있을까요. 그건 간단합니다. 정상적인 주인이 데리고 있는 개는 정상이라고 보면되니까요. 물론 단지 겉모습만 봐서는 모르는 경우가 많으니 겉모습으로만 판단하면 안 되겠죠. 무엇보다 내면을 잘 살펴야 합니다. 사람에게 내면의 문제가 없다면 그의 개도 분명 문제가 없습니다. 그중에서도 특히 주인이 남성일 경우, 그가 데리고 있는 개는 안전합니다. 무슨 말이냐고 의아하게 생각하는 분도 있겠지만 사실입니다. 여성들은 어린 아기는 잘 기르는데 반해 강아지를 기르는 데 있어서는

정말 서툽니다. 요컨대 이런 것이지요. 인간은 원시시대, 아프리카에 살던 시대 때부터 여자는 동굴 속에서 아기에게 젖을 물리며 집을 지켜야 했고 남자들은 먹을 것을 구하러 사냥을 나가야 했습니다. 그때 함께 데리고 간 것이 바로 개였던 것입니다. 남자와 개, 여자와 아기, 이렇게 둘로 나뉜 것이지요. 그때부터 관계가 시작된 것입니다.

　남자와 여자의 각각 다른 점. 그런 의미로 개를 기르는 일은 남자에게 더 적합합니다. 물론 아기를 키우는 일에 있어서는 여자 쪽이 훨씬 능숙하며 뛰어납니다. 하긴 남자에게는 모유 제공 능력조차 없군요.

SECTION 2.
개와 인간

" 꼭 아로마테라피를 하고 싶다면
개가 없을 때 하는 것이 좋겠지요. 아니면 아로마 견피는 어떨까요?
가축의 변을 방안에 두는 것은 주인에게 있어서는 괴로운 일이 되겠지만
개가 황홀해할 모습을 상상한다면 주인도 만족하게 되지 않을까요?
물론 다른 사람이 보면 미쳤다고 하겠지요? "

Q7. 개에게 사람이란 어떤 의미인가요?

개에게 있어 사람은 동족입니다. 즉 같은 동족이라고 생각하기 때문에 인간사회에서 함께 어울릴 수 있는 것이죠. 다시 말해 주인과 그의 아내, 아이들, 할아버지, 할머니와도 한 식구가 되는 것입니다. 그리고 이웃집, 곧 나의 식구들의 이웃집 식구가 되는 것이죠. 그러므로 상대가 우호적이면 꼬리를 흔들며 반기고 반대로 내 식구들에게 해를 끼치는 사람으로 판단이 되면 적의를 드러내는 것입니다.

그렇다면 개에게 개는 어떤 의미일까요? 답은 사람보다 하등한 동족입니다. 결국 개란 것은 같은 개보다 사람을 선택하려는 경향이 있습니다. 주인이 있는 개, 즉 사람과 함께 생활하고 있는 개는 다른 개를 볼 때 개 이하의 존재로 생각합니다. 그래서 개는 같은 동족인 개보다 사람과 친해지기 쉬운 것입니다. 그들의 리더보다 사람이 하는 말을 더 잘 듣는 이유가 바로 여기에 있지요. 저는 이 같은 이유가 어디에 있을까 생각해 봤습니다.

야생견들 사이에서 리더는 힘으로 모두를 제압합니다. 그러나 사람은 사랑으로 다루지요. 즉 개의 입장에서 보면 "이 사람은 좋은 사람 같아. 말 잘 들어야지" 하는 기분이 드는 것입니다. 반대로 말을 잘 듣지 않는 것은 무섭기 때문입니다. 또 무서워서 말을 듣는 것이라면 개의 입장에서는 훨씬 빨리 달릴 수 있으니 언제라도 도망 갈 기회는 있는 것입니다. 그렇다면 왜 도망가지 않을까요. 그것은 자기의 보스인 주인과는 이미 사랑의 끈으로 연결되어 있기 때문입니다. "사랑의 끈" 저는 이렇게 부르고 있습니다. 야생의 맹수들은 쇠줄로 묶어 두지 않으면 도망갑니다. 그러나 개라는 동물은 쇠줄로 묶어 놓아야 하는 그런 동물이 아닙니다. 사랑의 끈, 마음의 줄로 묶어 놓는 것입니다.

'개를 풀어 놓고 기릅시다.' 라는 광고가 있습니다. 그런데 제 입장에선 이 광고 문구가 좀 이상하다고 생각합니다. 왜냐하면 이미 풀어 놓고 기르기 때문이지요. 간혹 사람들은 개라는 동물을 매우 위험하게 생각하는 경향이 있습니다. 그러나 자기 자식이 잘못 했을 때 그 부모가 책임지는 것과 자기의 개가 잘못했을 때 주인이 책임지는

것은 같은 맥락입니다. 즉 이웃집 나무를 부러뜨렸다거나 사람을 물었다거나 정육점의 고기를 먹어 치웠다면 그것은 전적으로 주인이 책임을 져야 하는 문제가 됩니다. 따라서 개를 키우는 주인이라면 당연히 교육을 시켜야 합니다. 줄로 묶어 놓는 것이 아닌 어떤 것이 옳고 그른지에 대해서 말입니다. 단순히 묶어 놓고 모든 잘못에 대해 막는다면 그것은 개의 위대함을 짓누르고 그저 주인인 사람과 말 못하는 동물과의 관계가 될 뿐입니다.

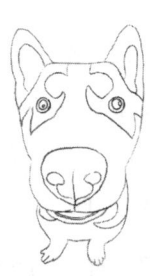

Q8. 결국 죽게 될지도 모르는데 어느 정도까지 치료를 받게 해줘야 할까요?

이런 경우 가장 주의해야 할 것은 수의사들 가운데서도 자신이 더 이상 치료할 수 없는 병에 걸렸을 때 주인에게 안락사 시킬 것을 권하는 경우가 많다는 것입니다. 다른 의사라면 살릴 수도 있는데 자신의 실력으로는 안 된다는 것을 스스로 용납하지 못하는 경우죠. 즉 자존심 때문에 거짓말을 하는 경우가 있습니다. 그래서 적극적인 안락사를 권하는 것이죠. 히지만 이것은 정말 끔찍한 일입니다. 제 병원에선 설사 비난을 받는다 하더라도 절대로 이런 일은 하지 않습니다. 동물의 생명과 그들의 마음을 존중하고 있기 때문입니다.

가장 중요한 것은 의사의 생각과 마음입니다. 자신이 할 수 없다면 솔직히 말하고 다른 의사를 소개시켜야 하는 것이죠. 사실 이 책을 집필하고 있는 중에도 실제 이런 일이 있었습니다. 이미 다른 병원에서 더 이상 치료할 수 없으니 데려 가세요라는 말을 듣고 온 경우였지요. 두 마리의 고양이였는데 한 마리는 요도폐색증, 또 다른 한 마리는 전염병이었습니다. 주인은 이미 단념한 상태로 저희 병원

을 찾은 경우였지만 두 마리 모두 생명을 건질 수 있었습니다.

그렇다면 누가 봐도 살아날 가능성이 없는 동물에게 어디까지 치료를 해줘야 할까. 그것은 스스로 먹이를 먹을 수 없을 때까지입니다. 대신 먹이는 먹을 수 있으나 심한 통증과 고통을 느껴야 한다면 조금이라도 더 빨리 편하게 해주는 것이 주인으로서의 도리라고 생각하세요. 3일 동안 고통스러워하다 결국 죽어야 한다면 그 3일을 고통 받지 않고 죽는 편이 날 테니까요. 이미 살아날 가능성이 희박한데 다시 말해서 수술 등 그 어떤 치료로도 겨우 며칠 수명을 연장시킬 뿐이라면 그것이 어떤 의미가 있는지 냉정하게 생각해 볼 필요가 있다는 것입니다.

개가 받아야 할 고통과 마음의 상처, 또 주인의 노력이나 경제적 문제 등 모든 것을 고려했을 때 아무것도 하지 않는 경우가 생길 수 있습니다. 가령 주인들 가운데는 심장만 뛰고 있어도 좋다. 숨만 쉬어도 좋으니 기계장치라도 달아 생명을 연장시켜 달라고 하는 경우가 있습니다. 하지만 저는 이런 일에는 적극 반대합니다. 왜냐하면 그것은 살아 있다고 할 수 없으며 선진 의료기술의 한 면만을 보려는 사람들의 이기적인 행동과 치료법이기 때문입니다.

간혹 주인들 중에는 이성을 잃고 판단력이 흐려져 전문가인 수의사의 의견마저도 무시하는 경우가 생깁니다. 그리고 냉혈적 수의사의 경우 아픈 개는 기계장치를 매단 채 아무도 없는 병실에서 지옥과 같은 죽음을 맞이하게 됩니다. 주인을 존경하고 주인의 명령에는 무엇이든 순종해 온 개가 역시 주인의 명령대로 심한 고통 속에서 무모한 치료를 받다가 죽어야 하는 것이죠. 그것도 홀로 외롭게 말입니

다. 상상하는 것만으로도 눈물이 날 지경이군요.

　중병에 걸려 더 이상 가망이 없을 때 주인은 그냥 곁에서 함께 해 주세요. 그것이 주인으로서, 사람으로서의 도리입니다. 그리고 기계 장치에 의존해 며칠 더 사는 것보다 남은 시간을 주인과 함께 하고 싶은 것이 개들의 마음입니다.

　보통 때는 건강에 좋지 않다는 이유로 잘 주지 않던 음식들, 개가 평소 좋아하던 음식들을 마음껏 주면서 기쁘게 해 주세요. 그리고 마지막 작별의 시간에는 천국을 향한 여행길에 미소로 배웅해 주십시오. 이것이 주인으로서 마지막 순간에 할 수 일이라 생각합니다. 그도 그럴 것이 주인이 우는 모습을 보면 개는 죽어 가면서도 마지막 순간까지 주인에 대한 걱정을 하게 될 것입니다.

Q9. 개는 주인이 매일 아침 출근할 때 자신이 버려졌다고 생각할까요?

그렇게 생각하지 않습니다. 물론 첫 날은 그렇게 생각했을지도 모릅니다. 보통 사람들은 휴가철이나 겨울방학, 여름방학, 봄방학 등 시간의 여유가 많을 때 개를 기르기 시작합니다. 특히 여름 휴가철에 기르기를 시작하는 사람이 많지요. 아무래도 시간이 많으니까 여러 가지로 길들이기 등을 시키기에 여유가 있기 때문입니다. 그리고 그렇게 한동안 함께 지내다가 "자, 이제 휴가가 끝났으니 회사에 다녀올게."라고 말하고 출근하면 개는 큰 충격을 받게 됩니다. 그러나 퇴근 후 집에 돌아온다는 것을 알게 되면 그 다음부터는 괜찮아집니다. 일하러 가는 것이라는 걸 알게 되는 것이지요. 그러나 이런 경우보다 더 큰 고통을 느끼는 것은 태어나서 처음으로 동물 병원에 입원하는 경우입니다.

개에 대해 알고 싶은 모든 것

그래서 저는 주인에게 다음날에는 꼭 면회를 오도록 권유합니다. 실제로 주인이 면회를 오는 경우와 그렇지 않은 경우의 치료, 회복 속도는 큰 차이가 납니다. 개의 경우도 자신이 치료를 받기 위해 입원해 있다는 사실을 아는 것입니다. 다시 말해 정신적으로 받는 스트레스가 줄어들게 되는 것이죠.

대부분의 개들은 "의사 선생님 말 잘 들어야 해."라고 말하면 잘 알아듣습니다. 그리고 빨리 나아서 주인 곁으로 가고 싶은 마음에 열심히 나으려고 합니다. 자신이 정말 버려졌다고 생각하는 경우는 주인이 입원이나 여행 등으로 장기간 개를 돌볼 수 없을 때 동물병원이나 호텔 등에 맡기는 경우입니다. 여러 번 경험이 있는 개들의 경우에는 '우리 주인, 또 나만 남기고 가 버렸군.' 하고 생각하겠지만 말입니다.

지금도 우리 병원에는 주인이 여행으로 잠시 맡겨 놓은 개가 몇 마리 있습니다. 그들은 이미 이곳에 익숙해져 있어서 마치 병원을 지키는 개들 같이 낯선 사람이 오면 짖기도 합니다. 그리고 비록 주인은 어딘가 가고 없지만 나름대로 즐거운 시간을 보냅니다. 특히 식사를 준비하는 동안에는 조리실 쪽을 지긋하게 바라봅니다. 달그락거리는 소리가 나면 속으로 '저건 내 밥그릇이다' 라고 생각하는 것이겠지요.

Q10. 제가 어린시절 울고 있으면
개가 얼굴을 핥아 주고는 했었습니다.
위로해준 것이었을까요?

그렇습니다. 자기 주인의 감정,
예를 들면 웃거나, 울거나 화내거나 할 때 하는 행
동에 대해 개는 상당히 민감한 편입니다. 그래서
주인이 웃고 있으면 개도 기쁘고, 화가 나 있으
면 개 역시 불안 해 합니다. 또 주인이 울고 있으
면 개도 슬퍼합니다. 개라는 동물은 주인과 가족들
이 늘 웃고 있어야 좋아합니다. 가끔 '개도 우나요?' 라는 질문을 받
는데 네, 개도 웁니다. 울 수 있는 동물이기 때문에 사람이 우는 것을
이해할 수 있는 것입니다.

Q11. 향기치료(아로마테라피)가 취미입니다. 그런데 이런 향이 개에게 너무 강한 것은 아닐까요?

먼저 향이 강해 어떤 영향을 미칠까 하는 문제 이전에 개에게 있어 향수나 아로마향 같은 경우는 악취로 느껴진다는 것입니다. 사람에게는 아로마테라피가 좋은 향으로 심신의 안정을 취하게 도와주지만 개의 경우는 마음의 안정을 취하기는커녕 너무 지독해서 참을 수 없는 고문이 됩니다.

개와 사람의 미적 감각은 엄연히 다릅니다. 앞에서도 말했듯 개는 땅을 파고 땅에서 나는 냄새를 킁킁거리며 맡습니다. 즉 개에게 있어 똥이 썩는 냄새, 지렁이 썩는 냄새는 오히려 향기로 느껴질 것입니다. 때문에 개들에게 있어 아로마테라피 향이라든지 향수냄새는 분명 이해할 수 없는 지독한 향이라는 점입니다. 그렇다면 향을 좀 약하게 하면 되지 않을까 생각하실 수도 있습니다. 그러나 지독한 냄새는 진하든 약하든 상관없이 괴롭게 느껴지는 것입니다. 따라서 꼭 아로마테라피를 하고 싶다면 개가 없을 때 하는 것이 좋겠지요. 아니면 아로마 견피는 어떨까요? 가축의 변을 방안에 두는 것은 주인에게 있어서는 괴로운 일이 되겠지만 개가 황홀해할 모습을 상상한다면 주인도 만족하게 되지 않을까요? 물론 다른 사람이 보면 미쳤다고 하겠지요?

리더로서의 소질이 부족한 사
람입니다. 주인은 개를 기르고, 교육시키며 선도
해 나가야 합니다. 그러나 리더로서의 소질이 부
족한 사람의 개는 주인을 의지하기보다 스스로
살아가려고 합니다. 따라서 주인의 말을 듣지 않게 되고 마음대로 행
동하게 되는데 심할 경우 남에게 폐도 끼치게 되지요. 물론 자신의
개가 남에게 폐를 끼쳐도 책임은커녕 옳고 그름의 판단도 제대로 하
지 못하는 주인도 있습니다. 즉 사회성이 부족해 제멋대로 행동하는
사람들이지요. 남을 배려하는 마음이 부족하기 때문입니다.

개는 자신의 주인이 온 우주이기를 바라는데 주인의 그릇이 작으
면 개의 입장도 난처해지는 것입니다. 따라서 혼자 살아 나가야겠다
는 생각을 하게 되는 것이지요. 주인은 여전히 '내가 너의 주인이다'
라고 생각할지 모르지만 개는 그렇게 생각하지 않게 되는 것입니다.

주인 없이 길러지는 개, 즉 분명 사람에 의해 길러지고는 있지만
주인이 없는 것과 별반 다를 것이 없는 개의 경우 병원에 오면 한바
탕 난리가 납니다. 주인을 신뢰하는 개의 경우는 주인의 말을 절대적
으로 믿기 때문에 아픈 주사도 꾹 참고 견디지만 그렇지 않은 개는
생각하는 가치나 판단 기준을 자신에게 둡니다. 즉 주사나 심지어는

발톱 깎는 것마저도 참을 수 없는 일이 되지요. 이 문제는 그리 쉽게 생각해서는 안 될 문제입니다. 왜냐하면 큰 질병에 걸렸을 경우 아예 치료조차 불가능해지니까요. 특히 링거 주사 같이 1시간 이상 가만히 있어야 하는 경우는 완전히 불가능합니다. 실제로 저희 병원에 온 거대결장증에 걸린 개 중에도 좀처럼 가만히 있지 못하고 계속 짖어대며 불안해하다 치료가 늦어 사망한 경우가 있었습니다. 거대결장증이란 변을 내보내는 신경이 손상된 병인데 수술만 하면 나을 수 있는 병입니다. 손상된 부위를 잘라 내고 건강한 장을 서로 연결하면 되니까요. 그리고 당연히 며칠 동안은 먹이를 먹을 수 없습니다. 대신 영양주사로 영양을 공급하는데 위의 개는 그것이 불가능했습니다. 심지어 주인의 얼굴까지도 물었으니까요. 온 가족이 총 출동해 큰 이불로 덮어씌우고 움직이지 못하게 해야 겨우 진찰이라도 할 수 있었답니다. 정말 최악의 상황이었죠.

이렇게 이불로 덮고 마취제를 놓으면 수술은 할 수 있습니다. 하지만 더 중요한 수술 후의 치료는 불가능 그 자체입니다. 그리고 주인의 경우도 결국 포기하게 되지요. 동물애호가에 속하는 수의사마저도 치료를 포기해야 하는 상황. 그처럼 난폭한 개들. 주인의 말조차 듣지 않는 개들을 보면 가슴이 아파 옵니다.

Q13. 개를 잘 기르는 사람은 어떤 사람인가요?

한마디로 인간관계가 좋은 사람입니다. 물론 사람들 중에는 인간관계에 환멸을 느끼고 대신 동물을 가까이하는 사람도 있습니다. 그러나 이런 사람들은 보통 말이나 표정이 없고, 인간관계 역시 원만하지 못한 경우가 많습니다. 이런 사람이 개를 기르면 그 개가 불쌍하지요. 사교적이고 사람들의 마음을 잘 이해하며 리더십이 있고 대인관계가 원만한 사람일수록 그에게서 길러지는 개도 행복한 것입니다.

실제로 인간관계가 원만하지 못한 사람이 개를 기른다면 결국 그 사람의 테두리 안에서만 살게 됩니다. 따라서 개도 그들 사이에서 사회성이 부족하게 되고 사람과의 관계도 서툴게 되지요. 즉, 이 넓은 세상에 사회로부터 격리된 그의 주인과 그런 주인에게 교육받은 개 둘만 남게 되는 것입니다. 좀 더 넓은 세상을 향해 밖으로 나가는 것이 개나 주인에게 바람직한 일인데 말입니다.

Q14. 서양 사람들은
보통 개를 잘 기르는데 왜 그런가요?

개와 사람이 파트너로서 함께 살아 온 역사가 길기 때문이 아닐까 생각합니다. 원래 서양 사람들은 육식을 주식으로 하고 일본사람들은 쌀을 주식으로 했습니다. 즉 육식을 하기 위해서는 가축을 길러야만 했고 가축을 기르기 위해서는 목축을 하지 않으면 안 되었지요. 또 목축을 하기 위해서는 농사도 지어야 했기 때문에 자연스레 농경과 목축이 서로 조화롭게 이루어진 생활을 해 왔던 것입니다. 그런데 사람이 할 수 있는 일에는 어디까지나 한계가 있기 마련이므로 절대적인 도움이 필요했던 것입니다. 그리고 그때 가장 적합했던 것이 개였습니다. 아마 개가 없었다면 서양 사람들의 식탁문화 또한 성립 될 수 없었다고 해도 지나치지 않을 것입니다.

이런 의미로 볼 때 서양 사람들에게 있어 개가 없는 삶은 생각할 수도 없을 정도입니다. 개는 서양 사람들의 생활과 밀착되어 있었기 때문입니다. 반면 일본 사람들에게 있어 개는 그 정도까지 필요한 존재는 아니었습니다. 즉 대부분 쌀을 경작하여 먹어 온 민족이기 때문에 양이나 소를 기를 필요도 그다지 많지 않았고, 야생동물이나 맹수들로부터의 위험도 많지 않았습니다. 따라서 일본인들은 개를 기르

는 일에 그렇게 큰 의미를 갖고 있지 않았습니다. 서양인들에게는 필요에 의해 수반되는 도구로 먼 옛날부터 관계가 이루어졌지만 일본의 경우는 그렇지 않았다는 것이죠.

한 가지 더 말하면 선천적, 유전적으로 개를 컨트롤하는 재주가 뛰어난 것이 아닐까 합니다. 예전 미자와에 있는 미군기지 근처 공원에서 있었던 일입니다. 제 애완견인 도베르만을 공원에 데리고 간 적이 있었습니다. 그 공원에는 서양 남자 아이가 비행기를 날리며 놀고 있었는데 그만 바람에 비행기가 휘익 날아와서 제 개 앞에 떨어졌지요. 그러자 제 개는 그만 그것을 덥석 물어 버렸습니다. 그랬더니 서너 살쯤 된 금발의 파란 눈을 한 그 아이가 급히 뛰어와서는 몸짓, 손짓을 번갈아가며 "이건 내 비행기에요"라고 하는 것입니다. 그리고 "네 그 큰 입을 벌려서 내 비행기를 돌려줄래?"라고 영어로 말을 했습니다. 하지만 제 개가 영어를 알아듣는 것도 아니니 그저 멍하니 소년을 바라 볼 밖에요. 초조해진 아이는 단풍잎 같은 작은 손을 개 입 안에 넣으려고 하면서 "오픈 유어 마우스(Open your mouth)" 하더군요. 그러자 제 개도 별다른 저항 없이 입 안의 것을 뱉으려고 하구요. 소년은 "봐, 여기 있네. 이건 내 것이야"라고 했고, 개도 "그래?" 하는 표정으로 물끄러미 소년을 바라보았습니다. 마치 주인에게 순종하듯 말입니다.

며칠 후 다른 공원에서 제 개와 함께 잠시 산책을 하고 있을 때였습니다. 근처 유치원 아이들이 점심시간에 선생님과 도시락을 먹으러 나왔더군요. 그들은 제 개를 발견하고는 대부분 작은 나뭇가지를 들고 ◎아 와 "와아, 개다"라고 소리치면서 돌을 던졌습니다. 동물과

사귀는 법을 전혀 알지 못했던 것이지요.

　개들은 갑자기 휘파람을 불거나 손을 불쑥 내밀면 놀랍니다. 정확하게 주인의 목소리를 듣고 이야기하는 가운데 인간사회에 밀착되어 살아가기 때문이죠. 그런데 갑자기 '휘-익' 하는 휘파람 소리를 들으면 '뭐야?' 할 수밖에요. 사람도 마찬가지지만 말입니다.

　또 다른 한편으로는 종교상의 차이도 있습니다. 서양 사람들의 경우에는 사람이 하나님의 형상으로 만들어졌기 때문에 모든 생물을 다스린다고 생각합니다. 즉 다스린다는 생각을 하면 불쌍한 개를 볼 때 도와주고 싶은 마음이 드는 것은 당연한 것입니다. 그런데 일본 사람들의 경우에는 개도 또 다른 존재로 생각합니다. 다시 말해 자기와 같은 처지로 생각해 '자기가 알아서 하겠지' 이렇게 생각하게 되는 것이죠. 이런 차이 때문에 개를 보고 판단하며, 사육하는 방법이 틀린 것입니다. 물론 일본 사람들의 개를 기르는 방법이 전부 나쁘다고는 할 수 없습니다. 예를 들어 서양에서는 전쟁 중에 펄펄 끓는 송진이 가득 담긴 냄비를 개의 등에 얹어 적진을 향해 돌진시키기도 했습니다. 개의 상태는 생각하지 않고 그냥 병기로 사용한 것이죠. 이것은 사람이 개의 관리자인양 하는 교만함으로 인해 생긴 일이라 생각합니다.

　하지만 일본인들의 경우에는 개를 나와 다른 타인으로서 바라보기 때문에 자기 일은 스스로 알아서 처리하라는 식의 냉정한 태도는 취할지 몰라도 도구로써 철저하게 혹사시키거나 하지는 않습니다. 그러나 생각하는 것 자체로는 일본인들이 정상적이지만 막상 개에

게 하는 것을 보면 훨씬 문제가 많습니다. 물론 일본 사람들 중에도 개에 대해 관심을 갖고 잘 대해 주는 사람도 있지만 전혀 관심이 없는 사람의 경우에는 마치 미개인과도 같습니다. 돌을 던지거나 막대기를 들고 쫓거나 휘파람을 불어대거나 하니 말입니다. 하지만 특별히 개를 사랑하고 있는 사람들은 개에 대해 기본적인 좋은 생각을 하고 있기 때문에 아울러 서향화가 되어 가고 그 차이는 점차 좁혀지고 있는 상태입니다.

Q15. 개는 어린 아이보다 어른을 더 좋아 한다고 하는데 정말인가요?

일본의 아이들인 경우에는 맞는 말이라고 생각합니다. 이를테면 일본의 아이들은 흥미 있는 대상에 대해 직접 손으로 만져 보려는 버릇이 있습니다. 그래서 그것이 풍뎅이라고 해도 이러저리 굴리며 하여튼 죽을 때까지 만지려고 합니다. 상대방의 기분은 완전히 무시한 채 자기의 본능만을 충족시키려고 하는 것이죠. 그러나 개는 그런 아이들의 일방적인 행동에 대해 귀찮아합니다. 어른들이야 아무 의미 없이 마구 주물러 대는 일이 흔치 않지만 말입니다.

일본과는 달리 외국 영화를 통해 보는 서양의 아이들은 부엌이나 침실, 나무 헛간 같은 비밀스러운 장소에서 개와 함께 뒤섞여 놀고 있는 것을 볼 수 있습니다. 그러나 일본 아이들에게 아마 이렇게 하라고 하면 난리가 날 것입니다.

저도 어릴 때는 개들이 저를 싫어했습니다. 저는 개가 좋았지만 사실 어떻게 접근해야 좋을지 몰랐던 것입니다. 무엇이든 궁금해지면 상대방의 기분은 완전히 무시한 채 귀찮게 했지요. 그러나 이건 상대방으로선 매우 귀찮고 싫은 일입니다. 제 개는 17년 간 함께 살면서 비로소 제 개가 되었습니다. 역시 개는 어른을 더 좋아하나 봅니다. 아이에게 개를 맡겨 놓으면 얌전해진다고 믿는 사람도 있지만 그것은 어디까지나 잘못 알고 있는 것입니다. 어린 아이가 제 멋대로 개를 주무른다면 결국에는 나쁜 상황에 처하고 말테니까요.

개는 어린 아이에게 상당히 관대합니다. 일반 야생동물처럼 싫다고 해서 공격을 하지 않으니까요. 즉 아이에게 있어서는 그냥 참는 것이죠. 하지만 아이의 입장에서는 개가 참고 견뎌 주니까 더 심한 장난을 하게 되는 것입니다. 그러나 이렇게 되면 교육이고 뭐고 제대로 될 것이 아무것도 없습니다. 상대방의 기분은 생각지 않고 자기 욕구만을 채우기 위해 전념하게 될 테니까요. 아이와 개를 친밀한 관계로 만들고 싶다면 무엇보다 부모가 먼저 모범을 보여야 합니다. 개를 기르는 것은 바로 이런 것이다 하고 말입니다. 어린 아이가 부모의 그런 모습을 보며 동물과의 관계를 키워 가는 것이 가장 바람직한 일이니까요.

Q16. 학교 운동장에서 개가 흥분하는 이유는 왜 그런가요?

답은 간단합니다. 모두가 놀리기 때문이 아닐까요?

Q17. 동물 병원에서 경험한 최악의 개 주인은 어떤 사람인가요?

제가 경험한 최악의 개 주인은 자신의 개가 아픈데도 불구하고 병원에 데려오지 않는 사람이었습니다. 아무래도 병원에 오면 비용뿐 아니라 시간도 내야 하니까요. 사실 자신의 개가 아팠을 때 병원에 데려오는 그 시점이 애정의 시점이라고도 할 수 있습니다. 의사의 입장을 떠나서 생각해도 개가 아파 고통스러워하는데 그냥 방치하는 경우는 정말 참을 수 없는 일이지요. 그만큼 애정이 덜하다는 것이기도 하구요. 물론 병원에 데려오긴 하지만 그 중에

서도 역시 화가 나게 하는 사람들이 있습니다. 이런 사람들에겐 인간 대 인간으로 생각해도 아무런 열정이 생기질 않습니다. 화가 나서 치료해주고 싶은 마음이 사라지는 것이죠. 하지만 동물은 또 무슨 죄가 있겠습니까? 다행이 저희 병원에 오시는 분들의 대부분은 모두 좋은 사람들입니다.

제가 가장 참기 힘든 부류의 사람 은 제법 부자에 속하면서도 치료비를 어떻게든 깎으려 드는 사람입니다. 그 들은 처음에 돈이 없음을 무척 강조하지요. 하지만 나중에 알고 보면 비싼 고급 차를 타고 다닙니다. 사실 돈 문제에 대해선 한마디 불평도 하지 않지만 생활이 어려운 사람도 많습니다. 그들의 대부분은 자신이 사랑하는, 이미 한 가족이 된 개를 위해 온 가족이 일을 하고 돈을 모으는 경우도 있습 니다. 제가 아는 어느 분도 남편은 택시 기사, 아내는 전업 주부였는 데 개의 치료비를 위해 딸과 함께 도시락 가게에서 늦은 저녁까지 일 을 하더군요. 그들은 치료비를 낼 때 단 한마디 불평도 하지 않습니 다.

간혹 가진 돈이 없어 치료를 중단해야겠다고 하는 사람도 있긴 합니다. 하지만 그렇게 되면 개의 입장에선 쉽게 나을 수 있는 병도 잘 낫지 않게 되지요. 게다가 병원도 엄연한 기업체라 세무조사 때문 에라도 마음대로 깎아 줄 수 없는 형편입니다. 그래서 저는 자주 제 주머니를 털게 됩니다. 그런데 그런 그들 중 일본에서도 가장 비싼 차를 타고 다닌다면 제 마음이 어떻겠습니까? 저는 적어도 동물을 병

원에 데려오는 사람 중에는 나쁜 사람이 없다고 믿고 싶습니다. 그러
나 현실은 약국에서 적당히 약을 사 먹이다가 그냥 죽게 내버려 두는
사람도 있다는 것입니다.

Q18. 개는 어떤 경우에 주인을 얕보게 되나요?

주인의 동물적인 면을 보게 되는 경우가 아닐까 생각합니다. 예를 들면 여느 때 같으면 화를 낼 일이 아닌데도 자신이 기분이 나쁘다는 이유로 개에게 불같이 화를 낸다거나 하는 일입니다. 아니면 야단맞을  일을 했어도 주인이 기분이 좋기 때문에 그냥 넘어가거나 한다면 개의 입장에선 그런 주인에 대한 신뢰가 떨어지는 것이죠.

대개 이럴 경우 개는 혼란에 빠집니다. 동물적인 주인이란 이성적이지 못하고 감정이 불안한 상태의 사람이기 때문입니다. 예를 들면 한 아이가 말썽을 부렸습니다. 그것도 모르는 아이의 엄마는 평소 입고 싶었던 예쁜 원피스를 사가지고 돌아오는 길이었습니다. 자, 그렇다면 이쯤에서 엄마 자신이 기분이 좋다고 아이의 잘못에 대해 그냥 넘어가겠습니까? 하는 것입니다. 네, 당연히 야단을 치게 되지요.

"오늘은 기분이 좋으니 괜찮아"라고 하지는 않습니다. 이것이 바로 엄마의 사랑이지요. 정리하자면 엄마의 사랑을 제대로 쏟지 못하는 것 자체가 주인으로서 자격이 없는 것입니다.

먹이도 주다 말다, 먹으면 안 된다고 하던 것을 갑자기 먹으라고 한다든지 하면 개는 몹시 혼란스러워지는 것입니다. 그리고 결국에는 주인에게 실망하게 되고 스스로 정신 차리지 않으면 안 되겠다는 생각까지 하게 되는 것이죠.

코끼리의 예를 들어보겠습니다. 코끼리를 사육하는 사육사에게 들은 이야기입니다. 코끼리의 경우 자기 무리의 지도자가 볼품없는 모습을 보이게 되면 그 즉시 상대를 업신여긴다고 합니다. 그래서 지도자가 미끄러지는 모습을 보여도 무리 중의 다른 녀석들은 지도자를 얕보게 되고 심지어 그를 죽이게 되는 경우도 있다고 합니다. 물론 개는 코끼리처럼 그렇지는 않습니다.

한 가지 예를 더 들어보도록 하겠습니다. 한 회사의 중견 상사와 일반 사원이 각각 개를 데리고 공원에 나타났습니다. 일반 사원은 자기 개가 보고 있는 중에 상사에게 굽실대며 인사를 했

지요. 이런 경우 일반 사원의 개는 어떤 마음이  들까요? 네. 일반적으로 나타나는 현상은 일반 사원의 개 역시 그 상사를 존중하게 된다는 것입니다. 지나가던 행인이 손을 내밀면 으르렁거릴 수 있어도 상사를 만나게 되면 가만히 있거나 심지어 꼬리를 흔들며 반가워하기도 합니다. 즉 개와 주인의 관계가 우호적일 때는 주인보다 윗사람에 대해 개 역시 자

기 주인의 체면을 생각하게 되는 것이죠. 그래서 꼬리를 흔드는 정도
는 기꺼이 하게 되는 것입니다.

그렇다면 주인보다 윗사람이라고 해서 그 윗사람을 전부 공경하
고, 말을 듣는 것일까요? 그렇지는 않습니다. 이 점이 개가 가진 특성
중 조금은 복잡한 면인데 보통의 다른 동물들은 자기 지도자보다 강
한 지도자가 나타날 경우 더 강한 지도자에게 복종하게 되어 있습니
다. 그러나 개는 다릅니다. 아무리 자기 주인보다 지위가 높고 신분
이 높다고 해도 잠시만 그를 존중할 뿐, 자기 주인은 영원한 자신의
지도자로 생각합니다. 주인에 대한 애정과 신뢰가 그만큼 높다고 할
수 있는 것입니다. 때문에 개는 자신의 주인이 어려움에 처할 상황은
절대 하지 않으려고 합니다. 자기 주인의 상사에게 으르렁거리면 자
기 주인이 난처해진다는 것을 개는 본능적으로 알아채는 것이죠. 개
는 다 알고 있답니다. 때문에 주인은 상사에게 당당하게 인사하고 부
하는 지도자에게 이렇게 해야 한다는 것을 보여주어야 합니다. 물론
상사에게 굽실거린다고 해서 개가 자기 주인을 얕본다거나 하는 일
은 절대 없습니다.

한 가지 더, 만일 상사가 일반 사원인 자기의 주인에게 갑자기 덤
벼들었다면 개는 어떤 행동을 취할까요? 네. 맞습
니다. 대부분의 개는 자기의 주인을 괴롭힌 그 상
대를 향하여 돌진하고 곧 물어뜯습니다. 자기의
주인에게 덤볐다는 그 자체만으로도 '아, 이 사람
은 내 주인에게 유익한 사람이 아니군.' 하는 판단
을 하게 되는 것이죠. 아주 짧은 시간이지만 개는 모든

상황을 다 알아차린 것입니다. 개는 복잡하면서도 사회성이 굉장히 발달한 동물입니다. 한 순간에 모든 것을 꿰뚫어 볼 만큼 말이죠.

Q19. 주인이 아닌 다른 사람을 따라가고 싶다는 생각을 하는 경우도 있나요?

마음을 의지하고 싶은 사람으로서 다른 사람을 따라가고 싶어 한다면 그 주인은 개에게 버림받는 꼴이 되는 것입니다. 즉 남보다도 못하고 사회성도 결여되어 있는 사람을 주인으로 둔 개의 경우라면 훨씬 뛰어난 새로운 지도자가 나타났을 때 따라가고 싶다는 생각을 하게 되는 것이죠. 다시 말해 주인이 있어도 없는 개와 같습니다. 그래서 이 사람이야말로 정말 나의 주인이라는 생각이 든다면 개는 자신의 운명을 그 사람에게 맡기려고 합니다. 법률상 개는 물건으로 취급되기 때문에 개의 몸값에 해당하는 돈을 지불한 사람이 개의 주인이 되기는 합니다만 개의 마음까지는 돈으로 살 수 없는 것이 아니겠습니까?

　실제로 있었던 일입니다. 등산객을 상대로 장사를 하던 개가 한 마리 있었습니다. 개는 어느 날 한 등산객을 따라갔고 결국 등산객의 개가 되어 그 집에서 살게 되었습니다. 주인이 있어도 없는 것과 같은 개였지요. 대부분의 개들은 자신 스스로가 지도자가 되려는 생각은 하지 않습니다. 누군가 유능하고 존경할 만한 사람이 있으면 그에게 순종하며 일생을 살고 싶어 합니다. 물론 주인이 없는 개들은 언제나 외톨이로 살아가며 스스로가 지도자이자 부하인 셈입니다. 참 가여운 일이지요. 주인이 없는 개는 끊임없이 자신의 주인을 찾는 것이 본능입니다.

　좀 다른 경우이긴 하지만 제가 어렸을 때의 일입니다. 저희 집에서 기르던 시추(Shih Tau : 17세기 중엽 티베트의 라사압소(Lhasa Apso)를 중국에 들여와 중국 애완견인 페키니즈와의 결합으로 생겨났다는 설이 있음)가 군고구마 장사를 따라 간 적이 있었습니다. 군고구마가 너무 먹고 싶었던지 군고구마 냄새에 이끌려 리어카를 그만 계속 따라간 것이었죠. 어떤 정신적 문제라기보다는 단지 식욕 때문이었습니다. 더구나 시추는 이미 군고구마 아저씨의 얼굴도 익히고 있었기 때문에 안심을 했던 것이지요.

Q20. 길들이기 위해
때리는 것은 괜찮은 일인가요?

네. 괜찮습니다. 때로는 체벌도 필요하니까요. 대신 잘못을 하지 않았는데도 밉기 때문이라는 이유 등으로는 때려서는 절대 안 됩니다. 화를 내는 것이 아니라 야단을 치는 것이어야 합니다. 개가 잘못 했을 때와 주인 자신이 화가 나서 감정처리를 잘 하고 있는 것인지에 대한 구별을 못한다면 그 사람은 개를 기를 자격이 없습니다.

흔히 개를 때려서 교육하면 손을 무서워한다는 말을 합니다. 하지만 그건 어디까지나 야생동물일 경우, 즉 이미 인간 사회에서 길들여진 동물에겐 해당되지 않습니다. 개의 경우를 살펴보면 맞을 때도 손으로 맞지만 쓰다듬어 줄 때 역시 손을 사용하기 때문에 개에게 있

어 주인의 손이란 어미의 입과도 같습니다. 어미가 새끼를 야단칠 때 살짝 물기도 하고 또 예뻐할 때는 핥아 주기도 하는 것처럼 말입니다. 다시 말해 어미에게 혼이 났다고 해서 핥아 줄 때도 무서워하는 새끼는 없습니다.

그렇다면 체벌의 정도는 어디까지여야 할까요? 어떤 책을 보면 개가 잘못을 저질렀을 때 그 즉시 바닥을 치며 "안돼"라고 말하라고 합니다. 아무래도 때리거나 큰 소리로 야단치는 것이 가장 빠른 효과를 나타내니까요. 하지만 매번 이런 식으로 개를 야단친다면 개는 어느 순간 그 상황을 재미있어 하게 될 것입니다. 그래서 이런 방법보다는 잘못을 한 그 즉시 그 장소에서 때려 주는 것이 가장 효과가 좋다고 하겠습니다. 흔히 머리를 때리면 바보가 된다는 말을 합니다. 그러나 특별히 어느 무기를 사용해 때리는 것이 아닌, 사람의 손을 이용해 때리는 것이라면 그리 대수로운 일이 아닙니다. 물론 죽을 만큼 세게 때린다면 손도 엄연히 무서운 무기가 될 수 있습니다.

개를 사육할 때는 잘못을 저질렀을 그 당시 바로 야단치는 것이 가장 큰 효과를 거둔다는 사실을 기억하고 계십시오. 시간이 지난 후 자꾸 되풀이 하여 야단쳐 봐야 개는 자신이 왜 야단맞아야 하는지 알지 못합니다. 예를 들면 주인이 퇴근 해 집에 돌아와 보니 혼자 집을 지키던 개는 베개를 다 물어뜯어 놓았습니다. 방 안은 온통 베개에서 나온 솜으로 어지럽혀져 있었습니다. 그러면 이때 주인은 빠른 상황판단을 한 후 개를 야단치게 됩니다. 하지만 개는 그 순간에 왜 자신이 왜 야단맞아

야 하는지 알지 못하는 것입니다. 기억하십시오. 아무 곳에나 소변을 볼 때 그 즉시 그 자리에서 야단쳐 주십시오.

간혹 용변 길들이기가 이미 잘 훈련되어 있는 개의 경우도 '목표물에 용변 보기'를 하는 경우가 있습니다. 예를 들어 식구가 모두 둘러 앉아 맛있는 것을 먹고 있을 때 자신에게만 주지 않는다면 개는 심술이 나서 보란 듯 주인이 아끼는 물건 등에 용변을 볼 수 있습니다. 또 가끔은 '목표물에 대변을 보는 경우'도 있는데 이때 주인이 아끼는 구두 등에 대변을 보는 것은 그것이 잘못된 일이라는 것을 알면서 하는 행동입니다. 사람으로 치자면 장난감을 사주지 않는다고 아버지가 아끼는 도자기를 깨뜨리는 것과 같습니다. 그러니 이런 경우엔 특히 심하게 야단쳐 주십시오. 그렇게 하지 않으면 점점 더 심한 장난을 치게 될 것입니다. 개는 1분만 지나도 잊어버리는 경우가 많습니다. 그러니 현행범으로 그 자리에서 야단쳐 주어야 합니다. 이미 개는 잊어버린 지 오랜 시간이 지났는데 주인은 그 사건으로 계속 화가 멈추지 않는다고 잔소리를 해 봤자 개는 반대로 화가 나서 반항적이 되고 성격만 나빠집니다.

"때릴 경우 어디를 때리는 것이 좋습니까?" 하는 질문을 많이 받습니다. 머리, 뺨, 엉덩이 어디든 상관없습니다. 어디든 먼저 손이 닿는 대로 때리면 됩니다. 단, 죽지 않을 정도로 약하게, 목이 움츠러들 정도면 됩니다. 한번 이렇게 하고 나면 다음 잘못을 했을 때, 주인이 "어, 너 자꾸 이러면 또 때려 줄 테야" 하는 한 마디에도 지난번의 아픔을 기억하게 될 것입니다. 이때는 이미 때린 것이나 마찬가지의 효

과를 거두게 되는 것입니다. 몸무게가 20킬로미터 정도 되는 개라면 사람 손이 부러질 정도로 때린다고 해서 상처를 입지는 않습니다. 또 몸무게가 50킬로미터 정도의 셰퍼드(정식 명칭 : German Shepherd Dog, 알사티안(Alsatian)이라고도 함. 19세기 말에 확립된 비교적 새로운 개의 한 품종)라면 사람의 힘 정도로는 아픔도 잘 느끼지 못할 것입니다. 물론 아픔을 느끼게 야단치라는 것이 아닙니다. 단 '주인이 폭력을 휘두를 정도로 내가 잘못 했구나' 하는 것을 인식시켜 주라는 것입니다. '우리 착한 주인이 나를 때릴 정도로 내가 잘못을 했구나.' 하고요. 그래야 제대로 된 반성을 하는 것입니다.

아프게 때릴수록 좋은 것이 아닙니다. 단 네가 잘못을 해서 내가 화가 났다는 것만 전해지면 됩니다. 또한 반드시 손으로 때리십시오. 절대 도구를 사용해서는 안 됩니다. 예전에 '메탈 피지건 스틱' 이라는 개를 때리는 도구가 있었습니다. 손으로 때리면 아프니까 이 용수철이 달린 플라스틱 봉으로 때렸던 것입니다. 하지만 이것은 엄청난 무기가 될 수 있습니다. 손으로 때리는 정도의 힘을 사용해 때린다면 당신의 사랑하는 개가 뼈가 부러질 수도 있을 테니까요.

Q21. 개와 사람을 치료할 때에 공통점과 다른 점은 무엇인가요?

치료하는 일은 아주 똑같습니다. 단 철저하게 다른 점이 있다면 병원이 다르다는 것뿐입니다. 또 치료비를 내는 사람과 치료를 받는 대상이 다르다는 것입니다. 이는 개와 사람이 먹는 음식에 있어 무엇이 다른가 하는 점과 같습니다. 즉 사람이야 본인이 음식을 선택하고 돈을 지불한 뒤 먹지만 개는 자신이 먹이를 선택하고 돈을 지불할 수 없습니다. 오직 주인에게 선택의 권한이 있을 뿐이지요.

여기에서 문제가 생기는 것입니다. 만일 개의 주인과 어느 동물병원의 수의사, 이를테면 궁합이 잘 맞지 않는다고 할 경우 개는 의사의 진료를 받을 수 없게 됩니다. 그러나 반대로 비록 돌팔이 의사라도 주인과 궁합이 잘 맞는다면 개는 돌팔이의 진료라도 받을 수밖

에 없습니다. 사람 같으면 '이 의사 선생님은 성격은 좋은데 아무래
도 낫질 않네. 실력은 없는 것 같아.' 라는 판단을 할 수 있지만 동물
병원에서는 개 주인이 "이 선생님은 참 좋은 분이야"라고 생각해봐
야 실제로 그 효과는 개 밖에는 알 수 없다는 것입니다. 결국 개만 피
해를 입게 되는 것이죠. 이 외에도 역시 가장 부담이 크게 작용하는
치료비에 대해 보험적용이 안 된다는 점입니다. 또 한 가지, 사람의
경우는 자신의 몸이 아프다는 것을 알기 때문에 조금만 아파도 병원
에 가지만 개의 경우는 사람과 달라서 정도가 심해질 때까지 그냥 방
치되는 일이 많다는 것입니다. 대개 동물들의 치료는 병이 상당히 심
각해져서야 발견되고 그 이후에 치료 역시 이루어지기 때문입니다.
그리고 병원 대합실에 있는 사람의 경우는 집에 돌아간 뒤, 얼마든지
TV를 본다거나 식사를 할 수 있지만 동물병원에서 기다리는 개는 먹
이도 먹을 수 없을 정도의 심각한 상태에 처하게 되는 경우가 많습니
다.

Q22. 과거와 비교해서 요즘 개들은 너무 지나친 보호를 받고 있는 게 아닐까요?

지나친 보호라기보다는 오히려 사람에게 있어 개에 대한 의식이 좋아지고 있는 것이라고 봐야 하지 않을까요?

예전과는 달리 개를 집 안에 들여놓고 어린아이에게 하듯 이야기를 하거나 야단도 치면서 교육시킵니다. 이렇게 힘으로써 밖에서, 즉 사회에 잘 순응할 수 있는 개로 성장하게 되는 것입니다. 물론 영양 면에서 봐도 옛날처럼 먹다 남은 밥이나 대충 주는 것이 아니라 전문성을 가진 개 사료와 같은 먹이를 주기 때문에 건강한 몸으로 성장하게 됩니다.

사실 옛날의 개들이 부실한 먹이로도 잘 자랄 수 있었던 것은 그나마 대부분 그냥 방치되어 있었기에 가능한 일이었습니다. 집에서 먹는 것으로는 늘 부족했기 때문에 밖을 돌아다니며 배를 채웠던 것이죠. 메뚜기나 쥐, 개구리 혹은 여기저기 버려진 음식으로 말입니다. 그리고 집에 돌아오면 주인이 남긴 쓰레기와도 같은 음식을 먹었

던 것입니다. 즉 살아가기 위해 스스로 해결했던 것이지요.

다음으로 예전과 비교해 예방주사를 맞히는 일 역시 다릅니다. 예전엔 병에 걸린 뒤에야 치료를 받을 수 있었지만 요즘은 '예방 의학'이라고 하여 병에 걸리지 않도록 미리 예방주사를 맞히는 등 신경을 씁니다. 비록 돈이 많이 들더라도 말입니다. 이것만 봐도 예전과 비교해 상당히 의식이 좋아졌다고 할 수 있습니다. 물론 눈살을 찌푸릴 정도로 지나친 보호를 하는 주인도 있긴 합니다. 예를 들면 일일이 먹이를 썹어서 입으로 먹여 주어야만 먹는 개들도 있으니까요. 또 칭찬해주지 않으면 먹지 않는 개들도 있습니다. 마치 '내가 먹기를 원하면 어디, 칭찬해 봐.'하는 태도로 말입니다. 이것은 분명 지나친 보호에서 오는 부작용들이죠. 또한 주인이 주인답지 못하기 때문에 생기는 일이기도 합니다.

반면 경미한 습진이 생긴 경우나 발톱이 조금 부러진 경우를 가지고 호들갑스럽게 병원에 가다니하고 생각하는 사람도 있습니다. 그리고 결벽증이 심해 지나친 위생관념으로 개의 건강을 해치는 주인도 있고요.

얼마 전, 전혀 먹이를 먹지 않는 거식증에 걸린 개 한 마리가 병원에 온 적이 있었습니다. 처음엔 왜 먹이를 먹지 않는지 알 수가 없었지요. 하지만 알고 보니 주인 때문이었습니다. 그 주인은 개 밥그릇을 일일이 소독하고, 외출에서 집에 돌아오면 크레졸로 개를 소독하는 것이었습니다. 때문에 개는 그에 대한 스트레스로 먹이를 먹지 않았던 것이었습니다. 이는 당연한 일입니다. 크레졸 같은 지독하고 강

한 냄새가 자극하는데 식욕이 생길 리 없지요. 보통 소독용으로 사용되는 크레졸은 화상을 입을 수도 있는 위험한 물질입니다. 이 개가 병원에 들어오는 데도 옛날 병원에서나 사용했던 크레졸 냄새가 나기에 주인에게 물었더니 개 목걸이가 더러워 크레졸로 소독했다는 이야기를 하더군요. 그러나 지금까지 그런 지독한 냄새를 맡고 살았을 개를 생각해보십시오. 사람이 월등한 존재라는 인식 때문에 뭐든지 사람이 개보다 우선이 되어서는 안 됩니다. 개의 기분도 생각해 주십시오. 그것이 개를 기르는 주인으로서의 당연한 의식입니다.

점차 빨라지는 발달 속도로 인해 과도하게 신경이 예민해진 사람들이 예전에 비해 많긴 합니다. 그러나 위의 사람과 같은 결벽증은 애완동물에게 있어서는 치명적이 될 수도 있습니다. 면역력이 떨어지게 되기 때문입니다. 최근 들어 우리의 의학은 세균을 완전히 없애 건강하게 살자 가 아니라 세균에 대한 면역력을 키우자에 그 의견이 모아지고 있습니다. 즉 자연환경의 상태 그대로를 유지하며 그 안에서 청결한 것이 가장 좋다는 말입니다.

Q23. 개의 털을 염색해 줘도 괜찮을까요?

특별히 나쁠 것은 없습니다. 주인이 좋아하면 개역시 기뻐할 테니까요. 그러니 해주고 싶으면 해주세요. 단 파란 콘택트렌즈를 착용하게 한다거나 무거운 가방을 등에 매는 일, 피부를 뚫어 피어싱을 하는 등의 일은 꼭 삼가 해 주십시오. 이것은 엄연한 동물 학대이기 때문입니다. 또한 개의 입장에서도 아프고 괴로운 일입니다.

주인은 개털을 염색해주고 싶은데 혹시 개는 그들의 무리에서 이상한 취급을 받는 것이 아닐까, 따돌림을 당하는 것은 아닐까 하는 걱정은 하지 않으셔도 됩니다. 그런 일은 없으니까요. 개는 사람과는 달리 외모에는 전혀 신경을 쓰지 않습니다. 다시 말해 '우리 주인은 너무 못생겨서 싫어'와 같은 생각은 하지 않는다는 것입니다. 누가 봐도 아주 흉악한 얼굴을 가진 사람이라고 해도 그래서 머리가 쭈뼛 설 정도의 외모를 가진 사람이라고 해도 개의 입장에서는 전혀 상관없는 일입니다.

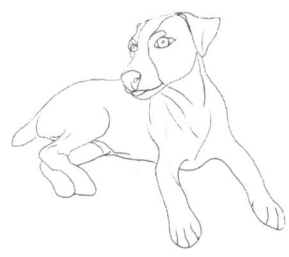

Q24. 시골에서 자란 개와 도시에서 자란 개의 성격은 다른가요?

네, 다릅니다. 그리고 이 원인의 대부분은 주인이 개에게 대하는 태도의 차이에서 옵니다. 예를 들어 도시에서는 개를 자식과 같이 여기며 기르는 경우가 많아서 개 역시 말도 제법 잘 알아듣고 사람에 대한 예의도 잘 익히고 있지요. 반면 시골에서, 그것도 줄에 묶여 길러진 개는 그야말로 동물에 불과합니다. 또 만일 주인간의 계급이 같다고 한다면 시골과 도시의 개는 그렇게 큰 차이가 없습니다. 단 체력 면에서는 많은 차이를 보입니다. 도시의 개는 마취가 쉽게 되는데 비해 시골에서 자란 개의 경우는 강한 마취를 해야 합니다. 즉 도시에서 자란 개의 경우는 마취약 0.2cc만으로도 쉽게 마취가 되지만 시골에서 자란 개의 경우는 마취약 1cc를 놓아야 마취가 됩니다. 이는 도시의 개가 시골에서 자란 개에 비해 스트레스로 인한 정신적 열량 소모가 많다는 증거입니다. 마음이 많이 지쳐 있기 때문이죠.

Q25. 개들 사이에서도 차별이나 따돌림이 있습니까?

보통은 없습니다. 개는 서로 같은 입장에 처한 상황이라면 자신의 위치를 양보하지 않으려고 상하관계를 확실히 정하기 위해 싸움을 하기 때문입니다. 즉 상하관계가 확실히 정해져야 만족해하지요. 따라서 싸움에 졌다고 해서 불쌍하게 생각지 않습니다. 그저 다음 날이 되면 '앗, 저 녀석은 나보다 세다' 라고 인식할 뿐입니다. 이것으로 된 것이죠. 즉 서로에 대한 순위를 알게 되었기 때문에 그 다음에는 함께 잘 어울리며 즐깁니다.

개에게 있어 따돌린다는 감정은 없습니다. 즉 이 녀석은 나보다 못한 놈이니 못살게 굴어야지 하는 일은 없는 것이죠. 나보다 어리고 약하니까 못살게 굴어야지 하는 감정은 개가 가지고 있는 고도의 사회성에 마이너스가 되는 일입니다. 따라서 반신불수의 개와 사지 멀쩡한 개가 사력을 다해 싸우는 일 따위는 절대로 일어나지 않습니다. 물론 한쪽 다리만 있는 개와 피부병에 걸린 개, 앞을 못 보는 개가 있

을 때 서로 동등한 위치에 있다고 생각하는 경우는 과감하게 싸우기도 합니다. 사람보다 낫지요.

간혹 예외가 있는 경우도 있습니다. 그것은 따돌림을 당하거나 공격을 당하는 개가 자신들의 사회를 어지럽힐 만한 요소를 가지고 있는 경우입니다. 또 너무 어릴 때 어미와 떨어지게 되었거나 예의를 모르는 개의 경우는 따돌림을 당할 수도 있습니다. 어미 개는 사람과의 관계뿐만 아니라 개의 사회에서도 함께 잘 지낼 수 있도록 새끼를 교육시킵니다. 때문에 어미와 너무 일찍 떨어진 개의 경우, 개들 사이에서 실수를 하게 되고 따돌림을 당할 수도 있습니다. 이런 개가 그들의 무리에 끼어들면 통솔 자체가 흐트러지고 어려워지기 때문입니다. 대개 그런 녀석은 무리 자체에서도 쫓겨나게 되지요.

한 가지 예를 들면 어미가 먹이를 먹고 있을 때 새끼가 다가와 어미의 먹이를 먹으려고 한 경우, 어미는 자신의 새끼라도 봐주질 않습니다. 아주 무섭게 으르렁거리며 화를 내지요. 그러면 사람들은 이 모습을 보고 혀를 찹니다. 매정한 어미라고 생각하기 때문입니다. 하지만 그것은 어디까지나 개들 사이에서의 질서를 위한 일입니다. 이런 룰을 지키지 못하면 저보다 강한 개에게 꼼짝없이 당하게 되기 때문에 어릴 때부터 교육을 시키는 것이지요.

Q26. 개에게 어떤 이름을 지어 주는 것이 좋을까요?

가장 좋은 이름은 병에 걸려 아프지 않고 건강하게 자라길 바라는 소망을 담은 이름입니다. 즉 내가 사랑하는 우리 강아지가 '이렇게 성장했으면 좋겠다' 하는 희망을 담아 짓는 이름이 가장 좋은 이름입니다. 이상한 이름은 절대 피하십시오. 왜냐하면 그 이름대로 개 역시 성장하게 되기 때문입니다.

한 가지 예를 들어보면 '피부'라는 이름의 치와와(Chihuahua)가 있었습니다. 그런데 이상하게도 이 녀석은 평생을 피부병이란 피부병은 모조리 앓으며 살았습니다. 그리고 '아이스'라는 고양이의 경우는 주인이 콘서트를 보고 있는 동안 차에서 기다리다가 그만 열사병으로 죽고 말았습니다. 보통 열사병 치료는 얼음으로 열을 내려 줘

야 합니다. 즉 이름 그대로 얼음에 파묻혀서 죽고 말았죠. 물론 지금과 같은 과학이 발달한 시대에 무슨 미신 같은 이야기? 하고 생각할 수도 있겠습니다. 그러나 왠지 이름과 연관이 지어지는 경우는 무엇 때문일까요? 그냥 기분 탓이기만 할까요?

Q 27. 개와 같은 취미를 갖고 싶은데 어떤 것이 있을까요?

보통 많은 사람들이 하는 원반던지기나 수영, 등산, 캠프가 좋지 않을까 생각합니다. 사실 개가 가장 좋아하는 놀이는 주인과 함께 작은 동물을 추적하는 등의 사냥 놀이입니다. 물론 품종에 따라 약간의 차이는 있지만 대체적으로 개는 사냥을 좋아합니다. 그러나 일본 같은 나라에서는 외국에서처럼 말을 타고 달리며 여러 마리의 개를 앞세우고 하는 진짜 사냥은 사실상 어려운 일입니다. 또 잡히는 동물이 불쌍하기 때문에 작은 동물을 대신할 만한 것을 추적하게 하면 좋을 것이라 생각합니다. 예를 들면 원반던지기 같은 경우인데 이는 주인이 던지면 개가 가서 물어 오는 놀이로 사람과 개 모두 만족할 수 있는 놀이입니다. 또한 먼저 주인과 함께 어딘가를 갈 수 있다는 기대감과 동시에 평소 묶여 있던 끈도 풀어지고 던진 것을 쫓아 달려간다는 느

껌을 마치 사냥하는 것으로 느낄 수 있게 합니다. 다시 말해 몸을 날려 입에 문 그 순간을 마치 사냥감을 문 것과 같은 것으로 생각하게 되는 것입니다. 게다가 물고 주인에게 가져오는 행동은 충성심으로 이해되며 개는 아주 행복해 하게 됩니다. 간혹 잘 물고 와서도 주인에게 바로 돌려주지 않고 입에 문 채 늘어지는 경우가 있는데 이는 무리들과 함께 하나의 사냥감을 획득했을 경우, 서로 자신이 차지하려는 것과 유사한 행동으로 일종의 힘겨루기 같은 것입니다.

예를 들어 리트리버종의 경우는 물에 들어가는 것을 아주 좋아합니다. 때문에 강에 데리고 가서 일부로 물 속에 목표물을 던져 주는 것도 좋은 놀이입니다. 이때 목표물은 공이나 막대기도 좋지만 물 속에서 훈련시킬 때 쓰는 튜브나 물에 잘 뜨는 원반이 가장 좋습니다. 원래 리트리버종은 사냥꾼이 잡은 새가 물에 빠졌을 경우 그것을 건져 올 때 사용하던 견종이었습니다. 때문에 리트리버종은 그들 조상이 했던 일과 같은 일을 했을 때 가장 만족감이 높습니다.

같은 물건을 던져 가져오게 하는 행동에도 공중으로 점프해서 낚아채는 것을 좋아하는 개가 있는가 하면 물 속에 뛰어들어 물고 오는 것을 좋아하는 개가 있습니다. 그러니 자신의 개가 어떤 것을 가장 좋아하는지 섬세하게 고려해 조금씩 변화를 주는 일이 중요합니다. 공원 등에서 공 던지기 놀이를 할 경우 주인이 개보다 먼저 싫증나는 경우가 있습니다. 그러나 개는 보통 끈질기게 하고 싶어 합니다. 몇십 번을 던져도 곧 뛰어가서 물어 오지요. 사람이 볼 때는 너무 단순

한 행동이라 금방 싫증나는 게 당연하지만 말입니다. 이것저것 변화를 주십시오. 물론 개에 따라 차이가 있긴 하지만 수영도 주인과 함께 할 수 있는 좋은 놀이입니다. 바다나 강도 좋고 파도가 없는 호수도 좋습니다. 등산도 좋습니다. 바위 등반 같은 어려운 것이 아닌 편안하게 걸어 올라가는 정도면 됩니다. 그리고 대부분의 국립공원은 개의 출입이 금지되어 있으니 미리 살펴보고 주의하십시오. 캠프도 좋습니다. 그러나 캠프장에서는 바비큐 냄새가 배어 있는 작은 돌멩이들을 개가 삼킬 수도 있으니 특히 주의하여야 합니다. 가장 중요한 것은 개를 싫어하는 사람들입니다. 물론 좋아하는 사람들 중에도 개의 배설물은 용서가 안 된다고 생각하는 사람도 있습니다. 자신의 개를 사랑하는 것도 좋지만 개를 싫어하는 다른 사람의 기분도 중요합니다. 개를 키우는 일은 곧 남에 대한 배려입니다.

Q28. 집에 차가 없는데 개가 갑자기 아플 때 걱정이에요?

걱정하지 마십시오. 택시에도 태워 주니까요. 다만 택시 안을 더럽히면 안 되겠죠. 그러니 택시 등 다른 차를 이용할 땐 비닐이나 수건 등을 준비하십시오. 그리고 "대단히 죄송합니다만" 이라고 정중하게 부탁하고 감사의 표시로 요금보다 조금 더 드리는 것을 잊지 마십시오. 이것은 운전기사와 손님의 관계라기보다는 사람과 사람의 문제입니다.

술 취한 승객도 태워 주는데 개를 태워 주는 것쯤은 아무것도 아닐 수 있습니다. 그러나 깍듯이 예의를 갖추는 것은 중요합니다. 의자에 개털이 묻지 않도록 한다거나 더럽히지 않도록 먼저 양해를 구하는 것이 미래에도 편하게 교통수단을 이용할 수 있는 일이 될 것입니다. 아니면 아무도 개를 태워 주지 않으려 할 테니까요.

Q29 도베르만을 기르고 있습니다. 그런데 종의 특성대로 귀를 잘라 주는 것이 좋을까요?

네. 잘라 주는 것이 좋습니다. 사실 도베르만은 기르기 어려운 품종 중 하나입니다. 이를테면 '원 맨 도그(One man Dog)'라고 해서 일생 동안 한 주인만 따르는 것이 도베르만종입니다. 때문에 다른 사람에게 맡긴다거나 잘 키우다가도 사정상이라는 이유로 다른 사람에게 주어서는 안 됩니다. 즉 도베르만종은 어설프게 기를 바에야 아예 기르지 않는 것이 좋습니다. 잘못하다간 개에게 바보 취급을 당하거나 개가 도저히 컨트롤 할 수 없을 정도로 난폭해지는 경우가 있기 때문입니다.

보통 도베르만은 생후 3개월이 되었을 때 귀를 잘라 줍니다. 이 시기가 처음으로 주인과 개의 힘겨루기가 시작되는 때이기 때문입니다. 이때 주인이 가장 주의할 것은 개에게 절대 양보하는 일이 있어서는 안 된다는 것입니다. 또 가여운 느낌이 들어 귀를 잘라 주지 않아도 되겠지라고 생각해서는 안 됩니다. 이런 마음 약한 사람은 도베르만을 기를 수 없습니다. 마음이 아프더라도 이왕 기를 거라면 도베르만다운 모습으로 만들어 주십시오.

아마 귀를 잘라 주지 않은 채 공원에라도 데리고 나가면 반드시 이렇게 말하는 사람들이 있을 것입니다. "왜 귀를 잘라 주지 않았나요?" 혹은 "이 개 무슨 종류의 개입니까?" 하고 말입니다. 그러면 주인은 "네, 도베르만입니다."라고 대답하고 그쪽에선 "설마, 아니겠죠. 도베르만은 귀가 이렇지 않던데요."라고 하며 주인의 기분과는 상관없는 말을 생각나는 대로 할 것입니다. 그러면 그때서야 "잘라 줄 걸 그랬나?" 하는 생각이 들 것입니다. 도베르만은 매우 영리하고 민감한 개입니다. 주인이 때늦은 후회를 하는 것이 개에게도 그대로 전달될 정도로 말입니다.

주인은 도베르만을 기름에 있어서 어디에 내놔도, 누가 봐도 멋진 모습으로 만들어 줄 의무가 있습니다. 물론 그저 귀를 잘라 준다고 다 되는 것은 아닙니다. 이것은 일종의 미용성형이기 때문에 개의 전체적 모습에 맞춰 잘라 주어야 합니다. 귀를 자른 후에는 고정용 붕대를 사용해야 합니다. 그리고 멋진 모양으로 만들기 위해서는 시간도 꽤 걸리므로 인내와 각오가 필요합니다. 아픔을 감수하고 겨우 잘라 주었는데 뒤에 제대로 관리해주지 못한다면 성견이 된 후에는 다루기 힘든 도베르만이 될 것입니다. 즉 이런 모든 과정을 함께 극복해 가면서 개와 주인은 일체감을 갖게 되는 것입니다. 특히 도베르만에 한해서는 이 중요한 의식이 단지 귀를 잘라서 불쌍하다는 감정 이상의 의미가 있습니다.

도베르만의 귀를 자르는 의식은 오래된 역사에도 불구하고 아직

까지 몇몇 나라에서는 동물학대로 금지되어 있기도 합니다. 하지만 보통은 다 잘라 주고 있습니다. 영국과 같은 경우도 금지되어 있지만 프랑스에 데리고 가서 잘라 줍니다. 도베르만의 원산지인 독일에서도 금지하고 있지만 도베르만에 대해 잘 아는 사람들은 모두 귀를 잘라 줍니다. 저도 귀와 꼬리를 자르지 않은 도베르만을 본 적이 있는데 도저히 도베르만이라고 보기 어렵더군요. 더욱이 직업견인 경우에는 다치는 일도 있습니다. 긴 꼬리와 귀가 일을 할 때에 장애가 되기 때문입니다. 자르는 것이 잔인하다고 생각될지 모르지만 그만한 의미는 충분히 있습니다.

수술할 때는 분명 전신마취를 해야 하고 또 비용도 드는 것이 사실입니다. 게다가 수술 후에는 몹시 아파하기 때문에 보살펴 줘야 합니다. 그리고 깁스붕대를 하기 때문에 매일 갈아줘야 합니다. 이런 번거로움에도 불구하고 조금이라도 더 어릴 때 수술을 해줘야 개도 잘 참을 수 있으며 주인 역시 함께 고통을 나누며 마침내 도베르만을 키울 자격이 생깁니다. 저도 지금까지 두 마리의 도베르만을 키운 경험이 있는데 수술이 잘 된 후 멋진 귀를 가진 개의 모습을 본 후의 감격은 이루 말할 수 없는 감동이었습니다.

잘 먹고 잘 씻기고 운동도 열심히 시키며 기르다가 귀를 잘라 주어야 할 시기가 오면 마음도 아프고 개도 가엾습니다. 하지만 역시 도베르만은 도베르만답게 길러져야 하며 그렇게 자라길 바라는 마음에 마치 무사들의 의식과도 같은 이 험난한 의식을 치루는 것입니다. 수술 후 붕대를 잘 감아 주고, 반창고도

깨끗이 갈아주며 '조금만 참자, 아프지? 그래, 조금만 참자'라고 용기를 북돋아 주면서 말입니다. 주인이라고 해서 사랑하는 개를 일부러 아프게 하고 싶겠습니까. 주인 역시 마찬가지로 고통스럽습니다. 그러나 시간이 지나고 드디어 최후의 순간이 와서 마치 도깨비 뿔처럼 반듯하게 바짝 서 있는 귀와 마주하게 되면 도베르만의 다리는 더욱 늘씬하고 가슴은 더욱 늠름해 보일 것입니다. 즉 완벽한 도베르만으로서의 모습을 갖추게 되는 것입니다. 이런 모습을 바라보며 주인은 이전보다 강렬한 애정이 솟구치는 벅찬 기분에 사로잡히게 될 것입니다.

다 자란 후에 수술하면 안 되나요?라는 질문도 간혹 받습니다. 이는 앞에서도 말했듯 밖에 데리고 나갔다가 "이 개 도베르만 아니죠?"라는 질문을 받았기 때문입니다. 이런 질문을 내게 해오면 나는 그 주인의 개가 불쌍하다는 생각이 들기 시작합니다. 성견이 된 후에는 아무래도 시기상 너무 늦습니다. 힘도 세어지고 또 지능도 높아지기 때문에 관리가 힘들어지기 때문입니다. 반창고도 붙여 놓으면 금방 떼버리고 게다가 뼈도 이미 굳어져 제 모양을 내기엔 늦습니다. 기억하십시오. 도베르만의 멋진 귀를 만들 시기는 생후 3개월입니다. 그리고 반드시 수술 경험이 많은 선생님, 또 끝까지 책임을 다해 살펴주실 선생님께 받아야 합니다. 실력이 부족해 이상한 귀로 만들 의사도 실제로 많으니까요.

"귀를 잘라 주러 왔는데요."라고 했을 때 "불쌍하니 그냥 놔두세요."라고 하는 의사들은 대개 자신이 없기 때문에 변명을 하는 경우

가 많습니다. 그리고 그러다 막무가내로, 실력도 없으면서 귀를 잘라 주면 가장 최악의 상태로는 개의 생명까지도 위협받을 수 있습니다.

이미 자른 귀는 다시 고칠 수도 없습니다. 쫑긋 세워지지 않은 부분을 잘라 버리거나 심지어는 자른 부위가 짓물러 썩게 되는 경우도 있습니다. 앞에서도 말했듯 귀를 자르는 수술은 일종의 미용 성형수술로 디자인이 생명입니다. 그러니 같은 개를 키워 본 경험이 있는 의사를 찾아가는 것이 중요합니다. 대개 그런 분들은 이미 경험한 바가 있기 때문에 판단하기 쉽습니다. 예를 들면 골격이 큰 개는 좀 넓게 자른다거나 다리가 길 것 같은 개는 좀 길게 자른다거나 하는 것이지요. '그냥 잘라 주기만 하면 되는 거 아냐?' 하는 식의 의사에게는 절대 맡기지 마십시오.

Q30. 휴학생입니다. 제가 개를 기르는 것은 사치일까요?

아닙니다. 사자를 기르겠다거나 한 마리에 3천만 원씩 하는 아시아 아로와나(오스테오글로숨목 오스테오글로숨과에 속하는 대형 민물고기로 아로와나는 원산지에서 부르는 이름)를 기르겠다면 몰라도 사람과 개가 함께 생활하는 것은 절대 사치가 될 수 없습니다. 지극히 자연스러운 일입니다. 그러나 가장 분명히 해야 할 것은 지금은 개와 함께 지내는 것이 즐겁기 때문에 기르고 싶은 생각이 들지만 나중에 취직을 하고 개를 돌봐 줄 수 없다고 해서 남에게 주는 일이 생겨서는 안 된다는 것입니다. 물론 미래를 예측할 수 없는 것이 사람의 일이지만 개의 진정한 행복을 위해서라면 앞으로의 일에 대해 계획을 세우고 판단할 수 있어야 합니다.

Q31. 저는 가난한데 역시 개를 기르지 않는 것이 좋겠죠?

아니요. 그렇지 않습니다. 아사쿠사에 있는 꽃집 근처에 개 한마리가 있습니다. 이 개는 자신의 주인인 걸인 아저씨와 함께 살고 있습니다. 특별히 개를 묶어 놓는 것도 아닌데 개는 늘 아저씨의 옆에 앉아서 머리를 마주하고 있지요. 개는 주인과 함께 있을 때 가장 행복해합니다. 즉 아무리 부자라도 주인이 늘 없는 것보다는 가난하더라도 주인이 항상 사랑해주고 함께 해주는 것이야말로 개들에게 있어선 가장 큰 행복이죠.

제가 생각하기에 가장 불행하다고 생각되는 개들은 훈련소에 갇혀 지내는 개들입니다. 주인은 분명 부자겠지만 그들은 자기 개가 무슨 대회에 나가서 1등할 수 있도록 훈련소에 돈만 지불하고 맙니다. 진정한 주인이 아닌 것이지요. 다시 말하자면 경마와 경마에 출전한 말의

개에 대해 알고 싶은 모든 것

소유자와의 관계와 비슷합니다. 즉 자신의 말을 다른 사람에게 보살 피도록 맡겨 두고 자신의 말이 1등을 했을 경우, "내 말은 대단해." 하고 생각하는 것과 같습니다. 말은 자신의 주인이 직접 자신의 등에 타고 함께 다니고, 직접 만져 주고, 변도 치워 주며 산책도 함께 하는 주인을 원합니다. 개도 이와 마찬가지지요.

Q32. 노무라 씨는 개를 너무 의인화하고 계신 것은 아닌지요?

여기까지 이 책을 읽으신 분은 제가 꽤나 개를 인격적으로 대하고 있다고 생각할지도 모르겠습 니다. 그리고 '좀 더 과학적으로 분석하라' 고 말씀 하시는 분도 계시리라 생각됩니다.

'개라는 동물은 연속적으로 이어지는 본능에 따라 움직이는 동물' 이라고 말하는 사람도 있는데 사람도 실제로는 같다 고 할 수 있습니다. 즉 개만큼 복잡한 사회생활을 갖고 많은 것들을 인지하고 문제를 해결하는 능력을 갖고 있는 동물도 드물다는 것이 지요. 또한 같은 개들 사이에서는 서로 돕기도 합니다. 거의 사람과 같은 취급을 해도 괜찮을 것 같은 생각이 들 정도지요. 개가 짖는 소 리 하나만 봐도 그렇습니다. 슬플 때는 정말 슬픈 것 같고 화가 났을 때는 정말 화가 났다는 것을 알 수 있지요. 또 개가 기뻐하는 것까지

도 우리는 알 수 있잖아요. 개들도 웃는 표정이 있고 우는 얼굴, 화난 얼굴이 있습니다. 하지만 만일 가재라면 울고 있는지 웃고 있는지 전혀 알 수가 없지요. 사람이 알아보기 쉬운 것은 사람과 가까이 있기 때문입니다.

개가 웃는 모습을 보셨나요? 제가 일을 끝내고 집에 돌아가면 저희 집 개가 항상 괴상한 얼굴로 저를 맞이합니다. 그 얼굴이 어떻게 보면 무서운데 바로 웃는 얼굴인 것입니다. 개과에 속한 다른 동물과는 동떨어진 모습이죠. 곧 사람이 웃는 모습을 보고 개 나름대로 흉내 내어 웃는 것이기 때문입니다. 꼬리를 흔들며 '이렇게 웃는 거지요?'라고 하듯이 윗니를 다 드러내고 코는 돼지 코처럼 해 가지고 정말 꼴불견입니다. 그러니 사람들이 보면 무서운 얼굴로 밖에 보이질 않는 것이죠. 한번은 사진을 찍어 둘 양으로 카메라를 들고 현관에 들어섰는데 "그거 손에 든 게 뭐예요?" 하는 표정으로 웃질 않는 것입니다. 생각과 표정이 정확하게 일치하는 면이 개의 사랑스러운 점인 것 같습니다. 다시 말해서 개는 정신적인 내면의 세계가 표정과 목소리로 나타나는 동물로서는, 더구나 그 표현 방법은 정말 많은 부분이 사람과 닮아 있습니다. 즉 이 말은 제법 인간의 기준을 적용시킬 수 있는 것이 개가 아니겠는가 하는 것입니다.

SECTION 3.
개의 성과 종류

" 동물이란 원래 본능적으로 자기의 유전자를
미래에 남기기 위해 살아갑니다. 그래서 살아 있는 모든 생물체는
뛰어난 자손을 남기기 위해 동족 간에 싸워 이기려고 합니다.
싸워 이겨서 자신의 종족이 점점 강해지게 되고
다른 종족과의 경쟁에서 유리한 형질을 획득해 나가는 것이죠.? "

Q33. 어떻게 해서 그 많은 품종의 개가 생길 수 있습니까?

사람들의 사용목적에 따라 많은 품종의 개가 생겨 나게 된 것입니다. 그래서 체중만 봐도 600그램 정도 되는 치와와부터 100킬로그램이 넘는 마스티프(Mastiff : 티베트의 마스티프가 유럽으로 건너가 이 품종을 형성한 것으로 추정, 주로 투견이나 파수, 호신, 사냥개로 사육되었다)까지 약 100배의 차이가 날 만큼 다양합니다. 일찍이 인간이 다른 생물과 분리되던 시기에 생물권에 있던 것은 야생동물로 남고, 인간권에 들어오게 된 것은 가축이 되었습니다. 따라서 가축이란 사람과 함께 생활해 나가는 것 자체가 그들의 무기가 될 수 있습니다. 다시 말하면 인간의 마음에 들어야 했던 것입니다. 가축은 인간의 미적 기준이나 사용목적에 부합되도록 조금씩 모습이 변화되어 왔지요.

개에 대해 알고 싶은 모든 것

개도 사람에게 열심히 봉사하며 시대나 토질, 사람들의 미적기준과 용도에 따라 그들 자신의 신체를 변화시켜 왔습니다. 그리고 그 결과 여러 종류의 개가 생겨난 것이죠. 따라서 품종이란 사용목적에 부합되도록 인위적으로 만들어진 것으로써 좀 특수한 동물이라 할 수 있겠습니다. 심하게 말하면 기형이라고까지 말할 수도 있습니다.

Q34. 만일 모든 품종의 개를 교배시킨다면 어떤 개가 될까요?

일본견처럼 소박한 개가 나오지 않을까요? 앞에서도 말했듯이 개의 품종이란 상당히 인위적인 것입니다. 사람들처럼 바다나 산을 넘어 이동할 수 없기에 사람처럼 그 지역에 적응하면서 서서히 성립되는 것과는 다릅니다. 따라서 모든 품종의 개를 마구 교배시켜 보더라도 '이것이 개다' 라고 할 만한 개가 탄생할 것입니다. 물론 체중은 약 10킬로그램 정도에 털 색깔은 여러 가지일수도 있지만 대개 누런색일 듯싶습니다. 게다가 귀는 쫑긋 서 있고 꼬리는 동그랗게 말려 있겠죠. 따라서 일본견과 비슷할 것이라는 생각입니다. 한번 상상해 보십시오. 어쩌면 늑대와 조금 비슷할지도 모릅니다.

요즘은 교통망이나 많은 문화적, 과학적 제도가 발달함에 따라

국제결혼이 늘고 있습니다. 그래서 인종이란 원래 각 나라마다 그 지역의 환경에 적응하도록 필연적으로 성립되는 것인데도 불구하고 국제결혼으로 인해 어쩌면 언젠가는 한 종류의 인종으로 남게 될 가능성도 배제할 수 없지 않을까 싶습니다. 예를 들면 아프리카 사람들은 뜨거운 햇볕을 피하기 위해 머리카락이 꼬불꼬불 마치 모자를 쓴 것과 같습니다. 즉, 머리 위에다 공기층을 형성하는 것이죠. 쿠션과 같은 역할을 하는 것입니다. 또한 멜라닌 색소가 두껍게 침착되어 있어서 피부를 해로운 광선으로부터 막아 줍니다. 그리고 기온이 높기 때문에 혈관의 분포를 넓게 하여 열이 잘 발산되도록 신체부위도 큽니다. 코나 입술, 눈도 큰 편이죠.

반대로 추운 지방에서는 태양광선이 약하므로 피부가 희고 눈은 파랗고 머리카락도 모자 같을 필요가 없습니다. 그리고 춥기 때문에 열의 발산을 될 수 있는 한 줄여야 하므로 신체 역시 큽니다. 예를 들면 뜨거운 물을 한쪽에는 공기에 가득 담고, 또 다른 한쪽에는 욕조에 가득 담아 놓았다고 했을 때 어느 쪽 물이 더 빨리 식을까요? 네 그렇습니다. 당연히 공기쪽 물이 빨리 식겠죠. 신체가 작으면 열을 발산하기 쉽기 때문입니다.

같은 곰이라도 말레이시아 같은 더운 나라의 곰은 몸집이 작은 반면 북극곰은 거대합니다. 이는 필연적으로 적응해 가기 위해 진화된 것입니다. 반면 더운 나라에서는 체온을 발산시키지 않으면 안 되므로 몸집이 작든지 아니면 홀쭉하게 키가 크든지 해야 합니다. 열을 빨리 식힐 수 있어야 하기 때문이지요. 그래서 마사이족 같은 경우는

개에 대해 알고 싶은 모든 것

키가 큰 사람이 많고, 피그미족과 같은 경우는 키가 작은 경우가 많습니다. 물론 크게 나누어 보면 이렇게 두 종류로 나뉘어 적응해온 것인데 장래에는 조금씩 섞여 가면서 최후에는 눈도 피부도 체형도 똑같이 되는 것이 아닐까 하는 생각이 듭니다. 혼혈이나 잡종이라고 하는 것은 아주 자연스런 형태이니까요. 오히려 동족간의 교배는 혈연결혼의 가능성이 높아 질 수 있습니다. 실제로 '원래 모습을 찾기 위한 짝짓기'라고 해서 그 품종의 뚜렷한 특징을 나타내기 위해 일부러 혈족교배를 시키는 육종가도 있긴 있습니다. 하지만 그런 식의 짝짓기는 나쁜 유전자를 더욱 증강시키는 일이 될 수 있습니다.

Q35. 새로운 품종을 만드는데 얼마나 시간이 걸리나요?

대개 200년은 걸립니다. 100년 정도 걸려서 어느 정도 기본 형태가 완성되고 나면 많은 사람들에게 인정받게 되기까지 또 100년 정도 걸리죠. 예를 들어 만일 제가 불도그(Bulldog)와 도베르만을 교배시켜 불베르만(Bull Berman)이라는 품종을 만들었다고 합시다. 아마 사람들은 저를 보고 미쳤다고 할 것입니다. 단순히 이것저것 섞어서 자기가 생각한 색깔을 만들어 내는 것과는 다른 것이기 때문이죠. 어쨌든 새로운 품종이 하나의 견종으로서 확정이 되

면 많은 사람이 필요로 하여 기르게 됩니다. 그리고 그렇게 100년 정도 지나면 개 품종 단체로부터 인정받게 되는 것이죠.

개라는 동물은 일만 년 전부터 사람과 함께 있었습니다. 그래서 중세 귀족들의 초상화에 보면 옆에 개가 함께 그려져 있는 경우가 많은데 요즘은 바로 그런 개들이 인정받고 있습니다.

개의 종류는 크게 공인 견종과 비공인 견종으로 나눌 수 있습니다. 그리고 어느 정도 순수 혈통은 갖고 있지만 공인받지 못한 개가 세상에는 몇 백 종류나 있지요. 즉 아무 생각 없이 우리 집 개와 친구네 집 개가 품종은 다르지만 사이도 좋고 잘 지내니까 결혼 시키자 하여 짝짓기를 시켰다면 처음 난 새끼는 그런대로 괜찮을 수 있어도 그 다음부터는 좀 곤란해 질 수 있다는 이야기입니다. 잡종견으로서 냉대 받을 수 있기 때문이죠. 그런 의미로 볼 때 마음대로 교배시키는 일은 책임이 따르는 중대한 일입니다. 그러나 한편으로는 현재 잡종견은 귀중품이라 말할 수도 있습니다. 골든 리트리버(Golden Retriever)나 시추는 얼마든지 구할 수 있지만 잡종견은 좀처럼 구하기 쉽지 않은 이유도 여기에 있습니다. 즉 잡종견 암놈을 기르고 있는 사람이 있다고 해도 새끼를 분양 받아 줄 곳이 없으니 아예 새끼를 낳지 못하게 합니다. 다시 말해 정말 소박한 잡종견을 기르고 싶다 해도 시골에 가지 않으면 구할 수 없는 게 현실입니다. 그러니 지금 혹시 잡종견을 기르고 계신 분이 있다면 누구보다 자부심을 갖고 잘 기르십시오.

Q36. 역시 개도 같은 혈통끼리 교배시키는 것은 좋지 않은가요?

자신이 갖고 있는 약한 유전자를
보완해 줄 수 있는 유전자는 자기와 전
혀 다른, 남으로부터 받아야 하는 유전
자입니다. 그래서 암 수가 있는 것이
죠. 즉 혈족결혼이란 결국 자신의 복사품과 같
다고 할 수 있습니다. 환경이 변하여 자신은 더 이상 살아 나갈 수 없
다 해도 남도 똑같이 모두 그렇게 되는 일은 일어나지 않습니다. 즉
자신의 유전자는 더 이상 살아남지 못한다 하더라도 상대의 유전자
와 합체된 유전자를 갖고 있는 새끼는 살아남을 가능성이 큰 것이죠.

북극의 흰 곰이 큰 것이나 아프리카인들의 키가 크거나 작은 것
은 환경에 적응하기 위해 자연적으로 그렇게 된 것이지만 개의 경우
는 사람들의 필요에 따라 인위적, 인공적으로 만들어진 것입니다. 적
당한 형태의 개를 선택적으로 교배시켜서 말입니다. 요즘은 많은 개
들이 애완용으로 길러지고 있습니다. 예전처럼 개도 사냥을 하거나
하는 등의 일을 하는 경우는 매우 드물게 된 것이죠. 다시 말해 실업
자가 된 것입니다. 그런데도 사람들은 순수혈통만을 고집하고 그 특
징을 유지하는데 전념하고 있습니다. 아무 의미도 없는데 말입니다.
하지만 일을 하던 개가 아무리 순수혈통을 유지해 왔다고 해도 일을

하지 않게 되면서부터는 모습이 조금씩 변해 가는 일이 많아 졌습니다.

    불도그는 원래 영국에서 소와 싸움을 시키기 위해 만들어진 품종인데 그런 용도가 사라진 지금은 주걱턱에 다리는 게처럼 변해서 아장 아장 걷게 된 것입니다. 원래 소를 죽이기도 했던 불도그의 진짜 모습은 지금과는 전혀 다른 모습입니다. 오히려 지금의 프랜바이저라고 하는 복서와 좀 더 닮은 개의 모양이라고 생각하면 됩니다. 즉 지금의 불도그처럼 아장아장 걸어서는 소를 ◎아 갈 수도 없습니다. 게다가 아무리 무는 힘이 세다고 해도, 무게중심이 앞에 있어서 소에 물려 내팽개치게 되더라도 끄떡없어야 하는데도 지금의 그런 체형으로는 무리입니다. 화가 난 소에게 간단히 물려 죽을 테니까요.

Q37. 개에게도 좋아하는 이성에 대한 기준이 있습니까?

동물이란 원래 본능적으로 자기의 유전자를 미래에 남기기 위해 살아갑니다. 그래서 살아 있는 모든 생물체는 뛰어난 자손을 남기기 위해 동족 간에 싸워 이기려고 합니다. 싸워 이겨서 자신의 종족이 점점 강해지게 되고 다른 종족과의 경쟁에서 유리한 형질을 획득해 나가는 것이죠.

생물학적인 공간을 확보하고 그 환경에 보다 진보적으로 적용하기 위해 자신들 스스로를 변화시키고 경쟁하고 그리고 그 결과 다른 생물들과 유동적으로 진보, 진화되어 가는 구조인 것입니다. 이러한 경쟁에서 이겨 살아남기 위해서는 짝짓기의 상대로 자신의 결점을 보완 해줄 DNA를 갖고 있는 상대를 본능적으로 찾게 되는 것이죠.

키가 190센티미터나 되는 친구가 있는데 그에게는 그것이 콤플렉스입니다. 왜냐하면 지금까지 만난 그의 여자친구들은 모두 150센티미터 정도였으니까요. 고목나무에 매미 같은 커플이죠. 그리고 저처럼 얼굴 윤곽이 짙은 사람은 단순하고 평범한 얼굴을 좋아하게 됩니다. 짙은 사람끼리 결혼하면 그 2세는 점점 더 짙은 윤곽을 갖게 될 테니까요. 한 가지 특징만 돌출되는 것은 반드시 다른 동물과의 싸움에 적합한 것은 아닙니다. 체격이 큰 사람끼리 결혼하면 2세는 점점 더 체격이 커지고, 눈이 큰 사람끼리 결혼하면 점점 더 눈이 커질 가능성이 높은 것입니다. 다시 말해서 일정한 품질(Quality)을 유지 할 수 없다는 것이죠. 이와 같이 이성에 대한 호기심은 본능적으로 자신에게 부족한, 자신의 콤플렉스, 약한 부분을 보완해 줄 수 있는 유전자를 갖고 있는 상대에게 쏠리게 마련입니다.

사람도 마찬가지로 '나는 머리가 안 좋으니까 머리가 좋은 사람이 좋아' 라든지 키가 작은 사람은 키가 큰 사람을 좋아 하게 되는 경우도 마찬가지라고 볼 수 있겠습니다. 즉 달리기가 느린 여자아이가 "난 다케시가 좋아" 라고 해서 다케시의 어떤 점이 좋은지 물어보면 "달리기를 잘 하니까" 라고 대답합니다. 자신에게 부족한 부분은 눈에 잘 띄게 마련입니다. 자신이 잘 못하는 부분을 잘 하는 상대가 매

력적으로 보이는 법이죠.

　윤곽이 뚜렷하다든지 코가 높다든지 눈이 큰 것이 물론 나쁜 것
은 아닙니다. 하지만 비슷한 사람들이 결혼해서 그들을 닮은 아이가
태어나고 또 계속 그렇게 되어 간다면 점점 표준형으로부터 멀어지
게 되는 것입니다. 평범한 얼굴의 북방계 사람들은 그 지역에서 점점
더 평범해지고 윤곽이 짙은 남방계 사람들은 점점 더 짙어지게 될 때
급기야 두 지역간에 전혀 결혼하는 일이 일어나지 않는다면 각각 전
혀 다른 생물체가 될 가능성도 생길지 모릅니다. 그래서 북방계 사람
들은 남방계를 동경하게 되고 남방계 사람들은 북방계 사람을 동경
하는 것입니다. 북방계 사람이 북방계 사람을 동경하는 일은 아마 없
을 것입니다. 적당히 섞여서 균일하게 표준이 되고 싶은 것이 본능일
테니까요. 이야기가 길어 졌습니다만 이러한 이유로 개도(그다지 콤
플렉스를 느끼지 않을 것으로 생각하지만) 상대를 고를 때는 좀 더
나아지지 않을까 하는 생각을 하겠죠.

Q38. 순수 혈통의 개는 멸종되기 쉽다고 하는데 사실인가요?

사실입니다. 왜냐하면 순수 혈통의 개는 그 나라, 그 시대, 그 민족이 가진 습관으로써 목적이 있기에 만들어진 역사를 지니고 있습니다. 그러나 개에게 더 이상 그런 목적이 필요하지 않게 되면서 점점 사라지게 된 것이지요. 예를 들면 목장에서 양을 치던 개가 있었는데 미래에는 로봇이 대신 하게 된다고 합시다. 양치는 개는 나이를 먹게 되면 체력도 떨어지고 움직이기도 힘들게 되겠지요. 물론 병에 걸릴 수도 있고 다칠 수도 있습니다. 그러나 그보다는 로봇이 개의 일을 대신 하게 되면 주인은 그 순간 양치는 개를 없앨까 어쩔까 혼란스러워질 것입니다. 결국 양치는 로봇이 만들어지고 널리 보급 된다면 포터콜리 같은 양치는 개는 일을 잃어버리게 되는 것이죠. 일을 잃게 된다는 것은 그 개가 필요 없게 된다는 뜻입니다. 그

리고 당연히 번식시키지도 않게 된다는 뜻입니다. 즉 순수혈통의 개는 이런 식으로 멸종되어 가는 것입니다. 그러나 멸종의 위기로부터 살아남게 된 개도 많이 있습니다. 품종만은 유지해 나가자는 단체들이 여기저기 생겨난 것이죠. 즉 원래 하던 일은 시키지 않는다고 해도 역사를 갖고 있는 개들이 지구상에서 사라지는 것을 도저히 참을 수 없었던 것입니다. 예를 들면 일본테리어란 개가 있는데 2차대전이 일어나기 전까지만 해도 부자들이 애완용으로 많이 길렀던 개입니다. 그런 것이 전쟁 중에 식량난이 심각해지면서 애호가가 줄어들게 되었습니다. 얼마 전까지만 해도 멸종되었다는 얘기도 들렸습니다. 그런데 잘 살펴보면 아직도 일부 마니아들은 이 개를 기르고 있습니다. 그리고 그들의 노력으로 지금은 많이 번식되어 저희 병원에도 몇 마리 있습니다. 원하는 사람은 언제든 구입할 수 있을 정도로 수가 늘어났죠.

앞서 말했던 것처럼 불도그도 소와 싸울 일이 없어진 후 한번은 사라질 위기에 처한 적이 있었습니다. 또 늑대 사냥에 사용되었던 아이리시 울프 하운드(Irish wolf hound : 이 개의 기원은 기원전으로 올라가며 B. C 200년부터 최근의 1770년대까지 숱한 전설과 실화 무용담의 주인공으로 경주용 개 중 가장 크다)도 마찬가지였고요. 그나마 늑대와 같은 경우는 워싱턴 조약으로 인해 죽이거나 잡거나 하는 것이 금지되어 지금까지 그 혈통이 유지되어 오고 있다고 해도 지나친 말이 아닙니다. 늑대는 멸종직전의 야생동물이므로 개를 앞세워 사냥하거나 총을 쏜다거나 하는 일은 지금은 사라졌습니다. 사냥개란

것이 하퇴부도 엄청나게 크고 이런 개는 없어도 그만이라는 생각에 기르지 않게 되면서 멸종위기에 처한 것입니다.

　사람들의 생활이 변화함에 따라, 또 사람들의 기호와 생각들이 변화함에 따라 과거에 만들어졌던 개들이 정리되어 가는 것입니다. 이러한 일은 지금도 계속 이루어지고 있으며 앞으로도 충분히 고려해 봐야 하지 않을까 생각됩니다.

Q39. 잡종견이 더 영리하다는데 사실인가요?

　그렇기도 하고 그렇지 않기도 합니다. 일반적으로 잡종견이 개로서는 보다 완전한 모습에 가깝다고 생각하시면 됩니다. 구체적인 예를 들면, 오소리 사냥을 간다고 합시다. 오소리 사냥에는 보통 닥스훈트(Dachs Hund : 1200년경 장시간의 사냥을 위해 프랑스에서 바셋을 개량할 때 독일에서는 하운드종 중에서 다리가 짧은 돌연변이종을 택해 개량해 냈다. 이것이 바로 닥스훈트다)를 사용하지요. 그런데 닥스와 비글의 잡종견을 사용한다면 아무래도 성능 면에서 뚜렷한 차이를 보일 것입니다. 오소리 사냥에는 닥스훈트가 적합하도록 사람이 개량했기 때문입니다. 즉 순수 혈통의 닥스훈트가 다른 그 어떤 개보다도 오소리

사냥에 있어서는 잘 합니다. 따라서 오소리 사냥을 하는 사람의 입장에서는 닥스가 영리하다고 생각하게 될 것입니다. 결국 개에게 무엇을 원하는가에 따라 영리한지 아닌지 결정되므로 개를 기르는 주인의 주관이 많이 작용한다고 생각하면 됩니다. 절대적인 지능지수 면에서는 어느 개나 똑같다고 봅니다. 다음은 개의 습관이나 품성, 목적에 따라 느끼는 주인의 느낌으로 결정됩니다. 그러나 몸도 튼튼하고 모든 일에 익숙하게 대처하는 능력은 역시 잡종견일지도 모르겠습니다.

　래브라도 리트리버(Labrador Retriever)는 절대 파수견이 될 수 없으며 도베르만은 물속에 빠진 오리를 물어 오는 일이 불가능합니다. 그리고 아메리칸 핀도플을 양치는 개로 사용하는 것 역시 무리일 뿐만 아니라 양치는 개를 투견으로 사용하는 것도 좋지 않습니다. 또한 그레이하운드를 맹인안내견으로 사용하는 것도 적합하지 않습니다. 적합하지 않은 일에 사용되는 개는 가엾게도 바보취급을 받게 됩니다. 주인이 원하는 일과는 전혀 다른 세상에 살고 있으니 그 개는 주인이 희망하는 대로 되어 주질 못하는 것입니다. 따라서 그 주인에게는 단지 바보처럼 보일 뿐입니다.

　아무 것에도 전문적이지 못하지만 일단 개로서의 특징을 전체적으로 보자면 평균에 해당하는 잡종견은 영리하게 보일 수 있습니다. 그러나 문제는 있습니다. 잡종이란, 말 그대로 어느 품종과 어느 품종이 섞인 것인지 알 수가 없다는 것이죠. 즉 어떤 일에 전문적이었던 개들의 합체인지 알 수가 없다는 것입니다.

　이런 개를 본 적이 있습니다. 할아버지나 할머니 또 어린 아이들

처럼 기력이 없는 사람들의 놀이 상대로 데려온 개인데 차우차우
(Chow Chow)와 기주견(기주견은 일본 화가산, 삼중, 나량 등 세 개
의 현에 걸치는 기이반도의 산악지대에서 옛날부터 수렵견으로서 사
용되어 온 견종)의 잡종견이었습니다. 그 개는 성질이 매우 난폭하고
사고를 자주 일으켰지요. 차우차우는 특성상 충성심이 별로 없는 개
이고, 기주견은 불끈 화를 내는 성질이 있는 개입니다. 즉, 그 잡종견
은 화도 잘 내고 충성심도 별로 없는 개였던 것입니다. 따라서 만일
이 잡종견을 파수견으로 사용하는 사람에게는 우수한 개일 수 있지
만 노인이나 아이들의 놀이 상대로서는 적합하지 않은 것입니다. 이
럴 바에는 무슨 개와 무슨 개의 잡종인지 전혀 알 수 없는 아주 옛날
부터 내려오는 잡종견이 나을지도 모르는 것이죠.

Q40. 잡종견을 기를 때 주의해야 할 점은 무엇인가요?

잡종견이 어떤 전문적인 성질을 강하게 갖고 있는지 잘 관찰하며 기르는 것입니다. 보통 잡종견에는 2가지 종류가 있는데 하나는 어떤 품종과 어떤 품종의 사이에서 생긴 것인지 확실하게 알 수 있는 경우, 즉 어떤 전문적인 특성을 갖고 있는지 분명한 경우입니다. 그리고 또 다른 하나는 선조 때부터 여러 종류가 섞여서 계속 이어져 내려오는 본래 개의 모습을 가진 잡종견입니다. 그러면 어느 쪽이 기르기 수월 할까요? 네. 본래부터 잡종이었던 개입니다. 모든 일에 능숙하게 대처하는 능력이 있기 때문이죠. 앞에서도 말씀드렸지만 차우차우와 기주견 사이에서 태어난 새끼는 비록 잡종이더라도 역시 순수혈통과 거의 똑같은 기질이 강하게 나타날 가능성이 있습니다.

불테리어란 개가 있습니다. 불도그와 올드 잉글리시 테리어(Old English Terrier)의 잡종견이지요. 맨 처음 불테리어를 만들 때 당시

사람들은 강한 투견을 만들고 싶었습니다. 불도그는 원래 잔인한 성격으로 아주 끈질긴 개이며, 올드 잉글리시 테리어는 활발하고 재빠르며 빨리 흥분하는 성질이 있기 때문이죠. 즉, 투견으로서의 소질을 완벽하게 갖춘 개를 만들고 싶었던 것입니다.

이처럼 비교적 부모의 특성(전문가로서의 특색)을 강하게 갖고 태어나는 잡종이 있습니다. 그러나 주의할 점이 있습니다. 공격성이 강한 품종과 온화한 성격의 품종사이에선 어떤 새끼가 태어날까 하는 것입니다. 중간쯤이 나오지 않을까 한다고요? 하지만 그렇게 그렇지만도 않습니다. 예를 들어 늑대와 개 사이에서는 같은 개과에 속하기 때문에 새끼가 나올 수 있습니다. 늑대개가 태어나는 것이지요. 이는 크게 네 종류로 나뉩니다. 첫째, 완벽한 늑대. 둘째, 완벽한 개. 셋째, 외관만 늑대이고 나머지는 개(사람들이 원하는 가장 바람직한 경우로 개처럼 순종적이고 사람을 잘 따르는 늑대를 원해 만든 것). 넷째, 외관만 개이고 나머지는 늑대(이런 종류는 개로 봤다가는 큰일 납니다. 사납거든요. 네, 물론 사나운 잡종도 당연히 나옵니다. 그 비율은 제각각이지만요).

아는 사람 중에 여러 종류의 개를 기르고 있는 사람이 있습니다. 특히 늑대와 도베르만 잡종을 만든 개를 데리고 있는데 이 개는 도베르만종을 어미로 두고 있는 개였습니다. 그는 내게 상담을 하러 와서 도베르만의 새끼이니 귀를 잘라 주는 것이 좋을지 질문했습니다. 그러나 제 입장 에서는 실제로 보지 않는 한 알 수 없는 일이기에 바 로 대답을 해주지 못하고 실제로 개를 보기 원했습

니다. 며칠 후 그는 제게 개를 데려 왔습니다. 그런데 도저히 도베르만이라고 보기 어렵더군요. 그냥 늑대모습에 더 가까운 모습이었습니다. 또 셰퍼드와 도베르만 잡종을 본 적이 있는데 외관은 도베르만 모습이지만 털은 셰퍼드의 털이었습니다. 그리고 반대로 외관은 셰퍼드인데 털이 도베르만을 닮은 것도 있었죠. 너무 보기 흉하더군요.

잡종 교배시 어느 정도의 비율로 나타날지는 그때그때마다 다릅니다. 이는 사람도 마찬가지죠. 백인과 흑인이 결혼하여 아기를 낳았을 때 항상 중간의 혼혈이 태어나는 것은 아닌 것처럼 말입니다. 어느 정도의 혼혈 비율로 2세가 만들어지는 것인지는 알 수 없는 일입니다.

Q41. 모습이 너무 다른 개들 사이에서 어떻게 새끼가 나올 수 있나요?

모습이 아무리 다르다고 해도 모든 품종의 개는 학명으로 '가니스 패밀리어스' 이기 때문에 유전자적으로는 같습니다. 사람들도 눈이 큰 사람, 코가 높은 사람, 키가 큰 사람, 키가 작은 사람이 있고, 살이 찐 사람도 있으며, 잘 생긴 사람, 못 생긴 사람이 있듯이 말입니다. 그러나 그 어떤 외모의 차이에도 불구하고 이들은 모두 같은 호모 사피엔스(Homo Sapiens)입니다.

예를 들어 불도그와 그레이하운드를 비교해 보면 신장도 좋고 골격도 좋지요. 즉 외관으로는 사람과 고릴라만큼의 차이는 아닙니다. 하지만 개의 품종이란 것은 여러 형태, 크기, 색깔, 털의 길이 등의 차이는 있어도 크게 보면 결국은 각각의 개체차이라고 볼 수 있습니다. 즉 그 특징을 선택하여 교배시키든가 도태시키든가에 따라 강조되어지는 것일 뿐입니다.

Q42. 치와와와 세인트 버나드의 짝짓기가 가능한가요?

크기 차이로 불가능합니다.

먼저 치와와와 세인트버나드는 경우에 따라 체중이 100배나 차이가 날 수 있습니다. 예로 치와와가 1킬로그램이고 세인트버나드가 100킬로그램일 때 물리적으로 짝짓기는 이루어질 수 없습니다. 그리고 치와와가 수놈이고 세인트버나드가 암놈, 또 그 반대일 경우도 마찬가지로 자연스런 짝짓기는 무리입니다. 물론 인공수정으로야 수태는 가능합니다. 그러나 그 후에 문제는 발생합니다. 암놈인 치와와가 세인트버나드의 정자를 인공수정으로 수정했다면 치와와의 자궁에서 새끼가 자라는 동안 자궁을 압박해서 치와와는 죽게 되고 말 테니까요. 즉 새끼가 너무 큰 것이죠. 반대로 치와와의 정자를 암놈인 세인트버나드의 자궁에 인공수정 시킨다면 이번에는 새끼가 너무 작아서 착상되지 못하고 유산이 되어 버립니다. 따라서 이처럼 몸집이 극단적으로 차이가 날 경우 짝짓기는 불가능합니다. 그러면 치와와와 세인트버나드의 수정란을 중간크기의 개 자궁에 이식하면 어떻게 될까요. 이건 과학적, 의학적으로는 가능한 일이지만 사실 이런 일은 아무 의미가 없습니다.

Q43. 개도 혈액형이 있습니까?

예. 있습니다. 개의 종류에 대해서 연구가들이 여러 가지 설을 발표하고 있는데 보통 4가지 유형으로 나뉜다는 사람도 있고 50가지나 된다고 말하는 사람도 있으므로 제각각이라고 보면 됩니다. 물론 꼭 수혈이 필요한 수술을 해야 할 경우 수혈할 혈액이 적합한지 검사를 하는데 개의 경우는 아주 간단합니다. 섞어 봐서 굳어지지 않으면 되기 때문입니다. 그러나 사실 이러한 방법은 제 생각에도 좀 무식한 방법 같습니다. 그러니 되도록이면 수혈 받는 일이 생기지 않도록 주인이 주의하는 것이 가장 좋을 것 같습니다. 사람의 경우처럼 혈액제제라는 것이 개에게는 아직 확립되어 있지 않으니까요.

Q44. 서로 다른 품종의 개에게 수혈이 가능할까요?

네. 가능합니다. 잡종견이나 천만 원이 넘는 챔피언 개나 학명으로는 똑같은 '가니스 패밀리어스'이니까요. 사람의 경우도 서양인의 혈액을 동양인이 수혈 받을 수 있는 것과 같은 이치입니다. 사실 수의학 영역에서 수혈하는 일은 비교적 드문 일입니다. 수혈로 병이 전염되기도 하고 또 거부반응을 일으켜 뭔지 알 수 없는 나쁜 징조가 나타나기도 하니까요. 따라서 정말 어쩔 수 없는 경우를 제외하고는 되도록 수혈하지 않습니다. 개는 어느 정도 출혈을 해도 괜찮기 때문이기도 합니다. 즉 조금 피를 흘렸다고 해서 사람처럼 큰일 나는 경우는 매우 드문 일입니다. 특수한 예로 수술할 때 조혈(피를 만듦)자극의 하나로 아주 소량을 다른 개의 혈액으로부터 수혈 받는 경우가 간혹 있지만 저희 병원에서는 거의 하지 않고 있습니다. 피가 나오지 않도록 수술하면 되고, 설사 피가 난다고 해도 빠른 조치로 지혈하면 되니까요.

Q45. 개도 성욕을 느끼나요?

네. 느낍니다. 만일 성욕이 없다면 앞에서도 말했듯 유전자 교환은 이루어질 수 없는 것이 되고 맙니다. 단지 사람과 다른 점은 쾌락을 즐기는 것이 아니라 순수하게 자신들의 유전자를 남기기 위한 사명감과 비슷한 것이라고 보면 됩니다. 따라서 사람이 아무리 말려도 다리가 짧은 암놈 닥스훈트는 다리가 긴 수놈 개에게 적극적으로 호감을 보이는 것입니다. 자신의 짧은 다리를 보완하고 싶은 것이겠죠.

인간의 성욕이란 것은 본능적인 것도 있지만 아무래도 아이를 갖기 위한 것보다는 즐기기 위한 부분이 더 많은 것 같습니다. 그러나 개는 전혀 다릅니다. 어디까지나 본능에 따라 새끼를 가지려는 것이니까요. 간혹 야생동물 중에는 인사의 뜻으로 섹스를 하는 경우도 있는데 그 대표적인 예로 '보노보노'라고 하는 '피그미침팬지'가 있습니다. 얼마나 명확한 것인지는 알 수 없으나 보노보노의 유전자와 인간의 유전자는 90퍼센트가 동일하다고 알려져 있습니다. 그러니 사람도 원래는 인사 대신 섹스 하는 원숭이였는지도 모르는 일입니다. 하지만 지금 사람의 모든 행위는 즐기기 위한 것이 되어 버렸습니다. 사냥이 변한 것처럼 말입니다. 즉 옛날에는 먹을 것을 얻기 위해 사냥을 했지만 요즘은 아닙니다. 이제는 즐기기 위해 하는 것이 되었으

니까요. 생명을 빼앗는 일인데도 말입니다. 즉 섹스도 즐기기 위해 합니다.

'미식가(Gourmet)' 라고 하는 즐기기 위해 먹는 사람들이 있습니다. 사실 먹는 행동은 에너지를 얻을 수만 있다면 어떤 음식이든 아무래도 상관없는 것입니다. 그래서 프로테인이나 비타민만으로도 살아 갈 수 있지요. 하지만 사람들은 여러 가지 맛을 즐기기 위해 이런저런 음식을 만들고 또 먹습니다. 그리고 그 맛들은 실로 다양하고 많은 즐거움을 줍니다. 다시 말해 사람들에게는 그만큼 여유가 생긴 것입니다. 살아가느라 아무리 바쁘다고 해도 '입 안에 퍼지는 달고 부드러운 맛' 들은 결코 말로써만 표현할 수 없는 것이니까요.

어린 시절에는 살아가는데 필요한 일들을 놀이를 통해 배워 나갑니다. 소꿉놀이 같은 것 말이죠. 그러나 어른이 되어서도 놀기만 하는 사람은 좀 이상한 것입니다. 현대인의 섹스 또한 아이를 갖기 위한 하나의 수단이 아니라 일종의 소꿉놀이가 되어 버렸는지도 모릅니다. 그도 그럴 것이 인간이란 '유형성수' 라고 불리는 생물입니다. 이것을 '네오 테니' 라고도 하지요. 즉 살아가기 위한 모든 행위가 유희적이 되어 가는 것입니다. 이야기가 좀 빗나갔군요.

Q46. 개가 짝짓기를 하지 않으면 욕구불만이 생기나요?

네. 생깁니다. 특히 수캐일 경우 싸움을 자주 하게 되거나 영역표시를 하는 횟수도 늘어나게 됩니다. 그리고 때로는 난 폭성을 발휘하는 경우도 있는데 그럴 때는 주인이 단호하게 "안돼" 라고 하면 포기합니다. 사실 개는 짝짓기를 하고 있는 도중에도 주인이 "안돼"라고 하면 그 즉시 그만 둡니다. 즉, 그만큼 동물적이지는 않다는 얘기죠. 개는 자신이 갖고 있는 동물적인 성향을 제어할 수 없을 정도의 짐승은 아닌 것입니다. 야생동물 같으면 아무리 "안돼" 라고 해봐야 소용없을 뿐더러 괜히 방해했다가는 도망치든지 아니면 반대로 위협해 오거나 공격해 올 수도 있습니다.

개가 욕구불만의 상태가 되는 때는 새끼에서 성견이 되어 가는 과정에 처음으로 사춘기를 맞이하는 시기입니다. 간혹 심한 경우도 있는데 이때는 정액을 배출하기도 합니다. 특히 테리어 종류에 그런 경향이 많습니다. 성욕이 강해서 그럴까 생각할 수도 있지만 사실 원래 테리어의 성격이 그렇습니다. 그러나 욕구불만이라고 해서 사람들처럼 소매치기나 방화 같은 일은 하지 않으니 염려마세요. 정상적인 욕구불만일 뿐입니다. 어디로 분출시키려고 하는 것이 아니라 그냥 자신도 어떻게 해야 할지 모른 채 싸움만 하려하고 암캐냄새를 맡으면 "여기, 여기"라고 "멍멍" 짖어 대는 것입니다. 결국 사람들이 원치 않는 행동을 하게 되는 것이죠. 그러나 교육을 잘 시키면 개선되는 것이니 주인이 확실하게 길들이면 아무런 문제가 없습니다.

| 개에 대해 알고 싶은 모든 것 |

Q47. 성욕으로 인해 스트레스를 받는다고 생각하니 너무 불쌍합니다. 피임이나 불임수술을 하는 건 어떨까요?

간혹 자신의 개가 성욕이 너무 강하다고 하며 병원에 와서 아무렇지도 않게 "거세시켜 주세요" 하고 말하는 주인들이 있습니다. 물론 거세를 하면 성욕은 없어집니다. 하지만 엄밀히 말해 문제행동을 일으키는 데는 2가지 종류가 있습니다. 즉 성격에서 비롯된 것인지 아니면 본능적인 것인지 잘 살펴봐야 한다는 것입니다. 그렇지 않으면 단지 새끼를 못 낳는 성격만 나쁜 개가 될 수 있으니까요. 사실 성욕 때문에 성격이 나빠지는 것이 아니라 주인이 교육을 잘 못시켜서 나빠지는 경우가 더 많습니다. 그래서 최근에는 거세시키는 일이 드물게 되었지요. 또 거세시키지 않는 것이 거세시키는 경우보다 좋습니다. 멋진 풍모를 자랑하는 수캐를 거세시키면 뼈도 가늘어지고 근육도 줄어들어 마치 암캐처럼 되어 버리니까요. 게이(남자 기생)견처럼 말입니다.

암캐는 암캐로서의 특징이 있습니다. 먼저 '귀염성'에 대해 말하자면 모든 포유동물의 새끼는 공통적인 특징을 갖고 있습니다. 두 눈 사이의 미간이 넓고 얼굴이 둥글고 눈과 코, 입이 얼굴 중심에 있다는 것이지요. 게다가 머리가 커서 2등신, 3등신입니다. 또 아기 냄새가 나고 움직임도 귀엽습니다. 이것은 사나운 짐승, 곧 곰이나 사자도 같습니다. 다시 말해 모든 짐승의 아기는 힘도 없고 무방비상태이므로 상대의 공격으로부터 그 '귀염성'이 무기가 되는 것입니다. 즉 수컷의 공격본능을 완화시키기 위해 실은 암컷도 아기다운 면이 있는 것이라고 보면 됩니다. 게다가 둥글고 좋은 냄새가 나죠. 귀여움이 포유동물의 공통점이듯 여성스러움에도 마찬가지입니다. 그래서 암캐의 경우는 아무래도 요염한 면이 있지요. 몸짓도 그렇고요.

반면 수캐는 단순하고 체육선생님 같은 면이 있습니다. 그래서 간혹 사람들 중에는 수캐를 키울까 암캐를 키울까 고민하는데 그것을 거세라는 수술로 일부러 중성화 시킨다면 결국은 수놈인지 암놈인지 알 수 없는 엉뚱한 개를 만들고 키우게 되는 것이지요. 그래서 제 생각에는 중성화 수술에 앞서 그 개의 품종에 따라 수놈은 수놈대로 암놈은 암놈대로 잘 기르는 것이 개를 키우는 바른 모습이라고 생각합니다.

사람의 경우도 마찬가지로 여자의 경우, 자궁을 떼어내면 가슴이 작아지며, 남자의 경우 거세를 하게 되면 뼈가 가늘어지고 근육도 줄어들며 머리카락이 빠지기도 합니다. 물론 사람의 경우에는 본인이 원하여 성전환 수술을 받기도 하지만 개의 경우는 전적으로 주인의 권한이기 때문에 개의 의사는 전혀 반영할 수 없다는 것을 생각해 보

개에 대해 알고 싶은 모든 것

시킬 바랍니다. 단지 '가엾다'는 표현으로 정말 개를 가엾게 만들지 말았으면 좋겠습니다. 다시 말하지만 최근에는 중성화 수술도 많이 줄어들고 있으며 진정한 애견가라면 단지 귀찮거나 불편하다는 이유로 수술시키는 일은 없어야 하겠습니다.

Q48. 개도 역시 나이 많은 개보다 어리고 젊은 개를 좋아하나요?

단지 젊다고 해서 출산 능력이 없는 어린 개를 좋아하는 것은 아닙니다. 본능적으로 수캐는 튼튼한 새끼를 낳아 줄 것 같은 암캐에게 관심을 두기 때문입니다. 즉 임신할 수 있을 것 같지 않은 약한 암캐와 짝짓기를 해봐야 새끼를 낳을 수 없기 때문에 그것은 허공에 대고 대포를 쏘는 것과 같은 무의미한 일일 뿐입니다. 이 것은 사람이 결혼 할 때와 마찬가지 아닐까요?

수캐는 본능적으로 튼튼한 암캐를 원합니다. 그런데 그 튼튼함이 란 역시 젊음에서 오는 것이죠. 보통의 암캐들은 늙어 죽을 때까지 생리를 계속합니다. 그런데 간혹 전혀 생리를 하지 않는 암캐도 있습

니다. 그러면 수캐는 그런 암캐는 쳐다보지도 않습니다. 역시 수캐는 암캐가 발정기 때 내뿜는 냄새를 맡고 욕구가 강해지기 때문입니다. 게다가 아무래도 젊은 쪽이 발정도 강하고 무엇보다도 생명력이 있지요. 싱싱한 난자를 갖고 있는 것이기도 하고요. 정자는 다 성장한 후에 만들어지지만 난자는 태아 때부터 이미 갖고 있습니다. 그래서 젊으면 젊을수록 싱싱하다고 생각하면 됩니다. 어쩌면 그래서 수컷들은 젊은 쪽을 선택하는 것인지도 모릅니다. 간혹 예외가 있다면 경험이 풍부한 암캐가 경험이 전혀 없는 수캐를 리드하여 짝짓기가 이루어지는 일도 있다는 것이겠지요. 사람도 종종 그런 경우가 있지 않나요?

Q49. 개들 사이에도 잘 생기고 못 생기고 등의 판단을 내리나요?

없는 것 같습니다. 개는 본능적으로 자신이 갖고 있지 않은 것을 추구하는 경향이 있습니다. 때문에 자신의 결점을 보완해 줄 개가 예뻐 보일 뿐입니다. 사람의 경우도 마찬가지로 절대적인 기준이라는 것은 없는 것처럼 말입니다. 즉 누군가 "그 친구 애인 참 예쁘더라"라고 해서 막상 보면 별로라고 생각될 때도 있지 않던가요? 단지 취향이 다를 뿐이죠. 늘씬한 스타일을 좋아하는 사람도 있고, 귀엽고 발랄한 마치 어린아이와 같은 여성을 좋아하는 사람도 있으니까요. 그리고 안경 쓴 지적인 여자가 좋다는 남자가 있는가 하면 안경 쓴 여자는 다 못 생겼다고 생각하는 남자도 있죠. 다만, 최대공약수적으로 '비록 내 취향은 아니지만 예쁘고 깔끔한데.' 하고 모든 사람이 말할 수 있는 것 아니겠습니까. 어쩌면 개도 마찬가지이겠죠.

109

Q50. 개들도 이성 앞에서 잘 보이려고 할까요?

네. 그렇습니다. 특히 수놈은 더욱 그렇다고 말할 수 있습니다. 보통 암캐는 서로 경쟁하는 일이 거의 없습니다. 예를 들어 각각 발정중인 암캐가 마침 공원에 함께 있었다고 합시다. 암캐는 수캐를 보고 제각각 교태를 부리며 간들거릴 뿐, 옆의 개보다 털을 좀 더 길게 보이려고 한다든지 가슴을 예쁘게 보이려고 하는 등의 라이벌 의식은 갖고 있지 않습니다. 암캐는 화살이 날아오기를 기다리는 과녁의 점과 같은 존재입니다. 여러 개의 화살이 날아온다고 해도 그 점을 맞추는 것은 오직 하나뿐이죠. 물론 그럴 수밖에 없는 것이 한 마리에 대해서 오직 한 마리만이 짝짓기를 할 수 있으니까요.

이런 일이 있었습니다. 새끼 때부터 내내 함께 지내 온 4마리의 수캐가 있었죠. 이들은 오래전부터 사이좋기로 유명한 4인방이었습니다. 각각 세퍼드 2마리, 도베르만, 불죠이 이렇게 4마리인데 어느 날 발정중인 암캐 한 마리가 이들 곁에 나타난 것입니다. 그러자 이들 4인방은 모두 가슴을 펴고 겨루기 시작하는 것이었습니다. 미국 만화영화에 보면 엉덩이를 실룩거리는 글래머 스타일의 암캐를 보

고 꼬리를 살랑살랑 흔들고 눈이 하트모양으로 변하는 수캐의 모습이 있는데 꼭 그런 모습이었죠. 마치 겨루려는 감정이라기보다는 누가 먼저 암캐에게 다가가는지 신경을 곤두세우고 한 마리가 다가가는 순간에 싸움이 일어나는 것입니다. '다른 녀석이 나를 앞질러 그녀에게 가는 것은 용서할 수 없어' 라는 기분으로 뒤 ◎게 되는 경우입니다.

사람의 경우도 마찬가지입니다. 예를 들어 파티에 갔는데 예쁜 여자가 한명 있습니다. 남자들 모두는 그 여자를 보고 예쁘다고 생각을 하면서도 마땅히 나서서 말을 건네는 사람은 없었습니다. 그런데 그때 불쑥 누군가 그녀에게 접근해 말을 겁니다. "괜찮으시다면 저와 데이트 하실래요?" 문제는 바로 이때부터 벌어집니다. 이렇게 되면 다른 남자들은 '앗' 하는 표정이 되어 '어, 네가 먼저 그럴 수 있어?' 하고 돌발적인 행동을 취하게 되는 것이죠. 즉 개도 이와 같은 이치입니다.

서로 전혀 알지 못하는 수캐사이에서는 잘 보이려고 하는 일은 없습니다. 이미 순위로 정해졌기 때문이죠. 물론 앞에서 말한 4인방의 경우는 아직 순위가 정해지기 전의 일이었습니다. 즉 이런 문제 등으로 싸움이 시작되고 나면 잠시 후 곧 순위가 결정되어집니다. 누가 첫째, 누가 둘째로 말이죠. 그러나 셋째와 넷째는 같은 순위입니다. 그래서 셋째와 넷째는 항상 싸움을 하게 되는데 좀처럼 승부가 나질 않습니다. 그리고 이처럼 계속해서 순위가 정해지지 않은 수캐 사이에서는 암캐를 놓고 경쟁하는 모습을 자주 볼 수 있게 됩니다.

Q51. 개들 사이에도 전혀 인기가 없는 개가 있나요?

제가 지금껏 살펴 본 바로는 역시 병에 걸린 개가 그렇더군요. 당연한 일입니다. 사람들은 '미인박명' 이라고 하여 병약한 여자를 간혹 좋아하기도 하지만요. 물론 제가 환자라고 해서 사람을 차별하는 것은 아닙니다. 단지 동물과 사람의 생각이 다르다는 것을 말하고 싶은 것입니다. 동물의 세계에서는 '몸이 약한 상대와 짝짓기해서 새끼를 낳으면 안돼' 하는 법칙이 있는 것 같습니다. 개인적인 문제가 아니라 본능적으로 판단해 종족 전체의 일로 생각하기 때문입니다. 또 한 가지, 개의 경우는 고도의 사회성을 가지고 있는 동물이므로 사회성이 결여되어 있는 개는 인기가 없다기보다 짝짓기가 불가능한 경우로 생각합니다. 따라서 짝짓기에 앞서 경험이 전혀 없는 개의 경우는 무턱대고 겁을 내서 공격적이 되거나 아니면 전혀 의미를 모른 채 낭패만 보게 됩니다. 물론 주인이 약간의 강제성을 띄고 입과 발을 잡고 억지스럽게 시키는 방법도 있지만 이것은 잘못된 일입니다. 설사 그렇게 해서 새끼를 낳았다고 해도 어미는 새끼를 돌 볼 수 없게 되는 경우가 많기도 하구요. 자신의 몸에서 나온 새끼인데도 불구하고 자신이 먼저 놀랍니다.

그래서 탯줄이 아직 달려 있는데도 그것을 끊을 생각은 하지 않고 이리저리 날뛰며 놀라 난리를 칩니다. 그런데 보통 이런 개들은 너무 일찍 어미나 형제들로부터 떨어져 사회성을 터득하지 못했기 때문인 경우가 많습니다. 이것을 알파 신드롬이라고 하죠.

수캐의 경우 본능적으로 암캐의 냄새를 알고 있습니다. 또 발정기의 암캐는 본능적으로 수캐를 받아들이고 싶어 합니다. 그러나 왠지 무서운 생각도 드는 것이죠. 동족이지만 두려운 것입니다. 그래서 가까이 다가가기는 하더라도 막상 수캐가 짝짓기를 하려고 하면 갑자기 화를 내고 물기도 합니다. 다른 개의 경우는 배워서 터득하게 되지만 결국 사회성이 부족한 개는 접근을 못하게 되는 것이죠.

좀 벗어난 이야기지만 말의 경우를 예로 들어보겠습니다. 말의 경우, 암말이 지금 발정중인지 시험해 보려고 또는 발정을 촉진시키려고 아무 수말이나 임시로 붙여 보는 일이 있습니다. 이때 수말은 경주용 말이 아닌 보통 말입니다. 그러나 암말들은 이 수말을 좋아합니다. 경주용 말 중에 '사라브래드'란 품종이 있는데 사람들은 그의 새끼를 원합니다. 하지만 암말로서는 경주용 말처럼 빨리 달리지 않아도 좋고 늘씬하지 않아도 좋은 것입니다. 그저 보통의 말과 짝짓기해서 보통의 새끼를 낳아도 상관없는 일이니까요. 그러나 사람은 아닙니다. 다리가 길고 빠르며 단단한 근육질의 말이 나오기를 바랍니다. 그렇다고 진짜 경주용 말을 직접 암말과 교미시키려 하다가는 문제가 발생할 수 있지요. 만일에 암말이 거부하여 수말의 배를 발로 걸어

차기라도 했다가는 수억 원, 아니 수천만 원 하는 종마가 다칠 수도 있으니까요. 게다가 짝짓기를 기대하던 수말이 갑자기 암말에게 발로 채이거나 물리거나 하면 나중에 발정불능이 될 수도 있습니다. 그때의 끔찍했던 기억이 남게 되기 때문이죠. 그래서 그런 경우, 수말은 멀리서 바라보기만 할 뿐 암말에게 다가가려고 하질 않게 됩니다. 즉 말의 교미 시에는 이런 일이 발생하지 않도록 보통의 수말이 있는 것입니다. 다시 말해 비록 못생기고 짜리몽땅한 수말이라도 이 수말로 먼저 암말의 기분을 고조시킨 후, 암말이 잠깐 한눈파는 순간에 사람이 원하는 경주용 말로 갈아 치우는 것이죠. 그야말로 고도의 전략이라 할 수 있겠습니다.

Q52. 개도 동성애가 있을 수 있나요?

제가 지금껏 본 바로는 꼭 동성애라고는 할 수 없지만 꽤 비슷한 상황은 있었습니다. 보통 짝짓기의 대상 행위로 수캐는 수캐끼리 암캐는 암캐끼리 하려고 하는 경우가 있으니까요.

어느 날 밤이었습니다. 수캐인 셰퍼드, 도베르만, 볼죠이 등 대형견이 각각 공원에 모이게 되었는데 우연찮게 그 곳에 발정중인 암캐 한 마리가 나타난 것입니다. 그 수캐들은 원래 사이가 좋았지만 암캐

의 출현으로 순간 서로 경쟁자가 된 것이죠. 그런데 그들이 암캐 한 마리를 두고 싸우는 동안에 그만 암캐가 사라져 버렸습니다. 이럴 때 모두 어떻게 할까요? 네. 모두들 짝짓기를 기대했던 만큼 달아오른 마음을 가라앉힐 수가 없게 됩니다. 그래서 자기들끼리 비슷한 행동을 취하게 되죠. 물론 이것은 사람의 경우 해당하는 동성애와는 다른 것입니다. 따라서 그렇게 심각한 일은 아닙니다.

주위를 살펴보면 간혹 암캐가 방석을 잡고 허리를 흔드는 행동을 하거나, 수캐도 마찬가지로 비슷한 행동을 하는 경우를 볼 수 있습니다. 그런데 이런 행동은 어떤 정신적 장애거나 신체적 장애 등의 병적인 행동이 아니라 앞에서 말한 것처럼 그저 '나 하고 싶었는데', '난 이렇게 하려고 했는데' 하고 말하는 것과 같은 것이라고 보면 됩니다. 보통 동물의 경우 자신이 미리 예측한대로 일이 진행되어지지 않을 때는 이런 대상 행동을 하게 됩니다. 예를 들어 고양이가 참새를 쫓고 있는데 한 마리도 잡지 못하고 계속 실패한 경우 고양이는 태도를 바꿔서 얼굴을 닦기 시작합니다. 이것을 바로 '고양이의 모르는 척 하기' 즉, 멋쩍음을 감추려는 행동이라고 합니다. 대상성 행동 중 가장 보편화되고, 또 가장 많이 알려진 행동이지요. 다시 말해 실패한 일에 대해서는 정신적으로 방향을 전부 바꿔 보는 것이라고 할 수 있겠습니다.

위의 예에서 수캐들은 방향성을 바꾼다는 의미로 암캐가 사라진 후 서로 교미하는 흉내를 내게 된 것입니다. 어쨌든 뭔가는 해야 하는데 노력해 봐도 잘 되질 않고 마음이 가라앉지 않기 때문에 대상성 행동을 취하게 되는 것이죠. 비슷한 일이라도 상관없으니 아무튼 일단

해보자는 식의 기분이 행동으로 나타난 것이라고 할 수 있겠습니다.

사람의 경우를 보면 여자에게 인기 없는 남자가 이성을 찾아다니는 대신 모형 비행기 만드는 일 같은 것에 열중하는 것과 같다고 볼 수 있습니다. 물론 100퍼센트 다 그렇다는 것은 아닙니다. 이제 결론을 내려볼까요. 개의 경우 호모라든지 레즈비언이라고 부를 만 한 경우는 없습니다. 물론 간혹 동성애처럼 보일 수는 있지만 말입니다.

다음과 같은 실험이 있습니다. 일정한 면적의 방에 암컷과 수컷, 두 마리의 쥐를 키웁니다. 그러면 얼마 지나지 않아 점점 식구가 불어나게 되죠. 이때 아무리 식구 수가 늘어나도 먹이와 물은 처음과 똑같이 주는 것입니다. 방 크기도 그대로 두고 말이죠. 그리고 그 상태로 계속 시간이 지나면 나중에는 서로 죽이거나 불임증이 생기기도 하며 심지어는 호모, 레즈비언의 동성애적인 성격이 나타나기도 하고 전염병에 자살, 자기 새끼를 죽이는 현상까지도 나타나게 됩니다. 이 실험을 보고 있으면 마치 현대 인간사회의 축소판 같은 생각이 듭니다. 어쩌면 지금의 인간사회 역시 너무 과밀화 되어 가는 것일지도 모르니까요. 아, 또 이야기가 빗나갔군요.

개에 대해 알고 싶은 모든 것

Q53. 개가 사람을 이성적으로 사랑할 수 있을까요?

네. 분명히 그런 경우가 있을 수 있습니다. 간혹 이성의 개를 무서워하는 개가 있습니다. 그러나 가장 강한 리더의 새끼는 낳고 싶어 하지요. 이런 경우 대개 집 안의 가장인 아버지를 사랑하게 됩니다. 좋은 유전자를 존속시킬 수 있는 가장 좋은 방법은 무리들 중에서 리더 격인 개의 새끼를 임신하는 것이기 때문이죠. 즉 열등한 유전자를 갖고 있는 수캐와 짝짓기해서 새끼를 낳아 봐야 금방 죽어 버리기 때문에 강한 유전자를 가지고 있는 대상을 찾는 것은 동물의 본능입니다. 어찌 보면 동물의 세계는 혹독한 것이라고 할 수 있겠습니다.

Q54. 개가 사람의 남녀를 구분할 수 있나요?

네. 구분할 수 있습니다. 어떻게 구별하는지 그 방법은 알 수 없으나 확실히 구별합니다. 특히 수캐인 경우 여성을 보면 핥으려고 하는 경향이 있는데 남성에 대해서는 몸을 사리고 경계를 합니다. 그도 그럴 것이 남녀구별이 가능할 정도의 지능이 없다면 고도의 사회생활은 해 나갈 수 없는 것이니까요.

개는 인간의 사회 속에 살아가면서 스스로 인간의 서열을 정하기도 합니다. 즉 개는 동물 중에서도 특히 고도의 지능을 갖고 있기 때문에 누가 보스이고 누가 부하인지, 또 누가 자기의 라이벌인지 명확하게 알고 있습니다. 무리 중에서 누가 수놈이고 암놈인지, 자기보다 위인지 아래인지 아는 것은 개의 특기입니다. 보통 남녀의 구분은 음

성으로 합니다. 암컷일 경우 목소리가 높고 수컷일 경우 굵으니까요. 그리고 여성의 경우는 대개 좋은 냄새가 납니다. 남녀의 몸에서 나는 냄새가 다른 것은 몸에서 발산하는 화학물질이 다르기 때문인데 어쩌면 개는 그런 부분을 본능적으로 감지하는 것인지도 모릅니다. 다음은 신체의 크기입니다. 개는 상대의 신체 크기를 통해 금방 알아차리고 구분하니까요. 그리고 어느 한 곳을 보고 판단하는 것이 아니라 전체를 봅니다. 마치 사람이 남자와 여자를 구분하거나 동물의 암컷과 수컷을 보고 구분하는 것처럼 말입니다. 직접 성기를 보고나서야 판단하지는 않으니까요.

Q55. 개들도 서로 궁합이 잘 맞고 안 맞고 하나요?

네. 분명히 그런 경우가 있다고 말할 수 있습니다. 예를 들어 개를 너무나 좋아하는 사람이 여러 종류의 개를 기르고 싶어 계속 사들이는 경우가 있습니다. 세인트버나드도 기르고 싶고, 스코틀랜드 테리어(Scot Land Terrier)도 기르고 싶고, 또 치와와처럼 작은 개도 기르고 싶어 하듯 말입니다. 그러나 아무리 사람의 마음이 그렇다고 해도 개의 종류라는 것이 제각각 성격도 다르고 체력도 다르기 때문에 그런 점을 전혀 고려하지 않는다면 여러 가지 사고를 일으키기 쉽습니다. 예를 들어 세인트버나드와 치와와를 함께 기를 경

우 치와와가 깔려 죽을 수도 있습니다. 크기가 다르다고 개가 적절히 힘 조절을 하는 것이 아니기 때문이죠. 또 어떤 면에서는 상대를 상황에 따라 구별하지 않고 대우한다고도 할 수 있습니다. 그리고 차별하지 않고 취급한다고도 말할 수 있고요. 물론 일부러 그런 것이 아니라고 해도 사고가 일어날 수 있습니다. 특히 개들끼리 싸움이 났을 때는 자신의 힘을 기준으로 생각하기 때문에 당연히 몸집도 작고 체력이 약한 치와와가 큰 상처를 입게 되는 것입니다. 상대가 작다고 하여 몸집이 큰 개가 차별을 두지 않을뿐더러 배려하지도 않습니다. 배려를 한다고 해도 자기와 같은 종류의 개에게 하는 것과 같은 배려일 뿐입니다. 따라서 아무리 세인트버나드가 죽일 생각이 없었다고 해도 치와와로서는 생명의 위협을 느낄 수밖에 없는 것입니다. 이처럼 악의 없이 단지 커뮤니케이션을 하는 것뿐인데 상대에게는 치명적일 수 있습니다. 체중이나 체격의 차이가 너무 심해서 일어나는 일이죠. 이럴 때 궁합이 나쁘다고 할 수 있겠습니다.

그 밖에 또 예를 들자면 경주용 개인 그레이하운드와 사냥개인 래브라도 리트리버의 경우 함께 기를 수 없는 것은 아니지만 아무래도 성격이 맞지 않아 문제가 발생할 수 있습니다. 개의 품종이란 사람들이 사용할 목적으로 만들어 낸 것이라고 앞에서도 말했듯이 그레이하운드는 스피드를 좋아합니다. 마치 달리기 위해 산다고 말할 정도로 달리기를 좋아하죠. 게다가 성격 또한 좀 난폭한 면이 있습니다. 그리고 입이 가볍다고나 할까요. 덥석 물어 버리는 경우도 많습니다. 반면 래브라도 리트리버는 온순한 성격이므로 이 둘을 함께 기르게 되면 아무래도 좋지 않습니다. 같은 이유로 테리어와 래브라도

개에 대해 알고 싶은 모든 것

도 마찬가지입니다. 테리어로서는 래브라도가 재미없고, 래브라도로서는 테리어가 너무 시끄럽다고 생각할 수 있으니까요. 따라서 함께 기르면 아무래도 서로 도움이 되는 일보다는 도움이 되지 않는 일이 더 많이 생기게 됩니다. 이 밖에도 가장 어려운 것이 투견 종류인데 요즘은 투견을 목적으로 개를 기르거나 하는 사람이 많이 적어지긴 했지만 그래도 투견은 아직까지 본능적인 습성을 가지고 있기 때문에 집에서 기르는 경우 조심해야 하는 종류입니다. 그리고 아메리칸 핀도플과 불테리어의 경우도 함께 기르면 아마 싸움이 그칠 날이 없을 것입니다. 암수일 경우는 그나마 좀 낫겠지만 수캐들의 경우는 피 튀기는 싸움이 될 것이니 이 점 주의하시기 바랍니다.

간혹 다른 개에게는 절대적으로 배타적인 품종도 있습니다. 프렌치 불도그(French Bulldog : 1850년경 영국에서 프랑스로 이주한 노동자에 의해 전해진 소형 불도그에 퍼그(Pug : 유럽에서는 네덜란드 원산 견종으로 알고 있으나 사실은 중국의 오래된 애완견이다)와 테리어를 교배하여 만든 견종)가 그 대표적인데 이 개는 다른 개와는 친해지려는 마음이 조금도 없습니다. 물론 그렇지 않은 경우도 간혹 있긴 하지만 말입니다. 원래 래브라도는 협조성이 강한 개인데 그렇지 않은 경우도 있는 것을 보면 개인차가 있긴 분명히 있는 것 같습니다. 그러나 일반적으로 품종이라고 하는 것은 무엇인가 특징을 갖고 있는 것이니만큼 그 부분을 고려하는 것이 좋습니다.

개의 품종과는 별도로 사람도 그런 경우가 있죠. 내게 아무런 잘못도 하

지 않지만 괜히 맘에 안 드는 경우 말입니다. 물론 개의 세계에서도 이런 경우는 분명히 있습니다. 셰퍼드인데 어느 특정한 기주견에게 특히 라이벌 의식을 느끼는 것입니다. 그래서 만날 때마다 으르렁거리곤 하지요. 그리고 서양견의 경우와 일본견의 궁합도 좀 안 맞는 것 같습니다. 아키타견, 기주견, 시바견, 시고쿠견(Shikoku : 옛날부터 수렵견으로서 1937년 일본의 천연기념물로 지정, 현재는 가정견으로 사육되고 있다), 홋카이도견(Hokkaido : 1937년에 천연기념물로 지정된 이래 지명이 견종명이 되었다. 일명 아이누견이라고 한다)과 같은, 아무래도 일본견이라고 불리는 녀석들이죠. 그래서 일본견들이 산책하고 있으면 서양견을 데리고 나온 주인들이 무서워합니다. 왜냐하면 서양견에 비해 일본견들은 유난히 표정이 없거든요. 이 개가 지금 어떤 상태인지 전혀 파악이 안 되는 것이죠. 화가 나 있는 것인지 웃고 있는 것인지 알 수 없는 상태에서 갑자기 공격을 해 오는 경우도 많고요. 특히 공원에서 개가 개에게 물렸다는 사고가 발생한 경우 대개 보면 일방적으로 물어 버린 개가 일본견인 경우가 많습니다. 물론 시바견 중에도 아주 사교적인 녀석이 간혹 있지요. 그런 녀석을 보면 얼굴에 표정이 있습니다.

만일 개가 너무 좋아서 여러 품종의 개를 한 집에서 기르고 싶다면 그 방면에 잘 아는 사람과 상담해 보는 것이 현명합니다. 여러 품종의 개를 간혹 수집(Collection)하는 사람이 있는데 보통 그런 경우는 각각 개들의 성격이 맞지 않아 다른 방에 나누어서 기르는 경우도 있습니다. 한마디로 정리해 말하자면 그 개가 무슨 목적으로 만들어진 품종인지 잘 생각해 봐야 한다는 것입니다. 투견용인지 사냥용인

지 말입니다. 사냥개 같은 경우는 자기와 같이 지내는 작은 개를 사냥감으로 착각하고 집요하게 괴롭히는 녀석도 있으니까요. 즉 모양이나 크기로 선택하는 것보다 그 품종이 원래 무슨 목적으로 사용되었는지를 잘 고려하여 선택해야 하는 것입니다.

SECTION 4.
개의 행복

" 개는 살아가기 위해 또,
자신의 유전자를 미래에 남기기 위해,
사람들을 즐겁게 하기 위해 있는 동물입니다.
사실 동물의 본연으로써는 그리 보람 있는 일은 아니지만,
그만큼 인간적인 감각이 발달되고 사람과 잘 어울려 살아갈 수 있도록
그것에 적합한 방향으로 진행되었기 때문에 그렇게 살아가는 것입니다. "

Q56. 개에게 있어 가장 슬픈 일은 무엇인가요?

역시 주인과 헤어지는 일입니다. 사실 그 동안 지켜본 바로 개는 자신의 죽음이 다가와도 그렇게 슬퍼하는 것 같지 않습니다. 죽음에 대해 알고 있지 않은 것처럼 말입니다. 그래서 병을 얻어 쓰러진 개가 '곧 주인과 헤어지게 되어 슬픈 것' 처럼 보이는 것은 사람들이 마음대로 해석하는 것이지 개는 전혀 그렇게 생각지 않고 주인과 언제까지나 즐거운 생활을 하게 될 것으로 믿는 것 같습니다. 따라서 죽음을 앞둔 슬픔보다는 헤어진다고 해도 잠시 헤어지는 일, 즉, 혼자 집을 지키고 있고, 주인이 잠깐 외출한다거나 아니면 주인이 바뀌었을 때가 가장 슬프다고 볼 수 있겠죠.

제가 아는 어떤 여자는 결혼을 하게 되어 기르던 개를 친정에 맡겨 두게 되었습니다. 그 개의 성격은 원래 온순하고 영리했는데 주인과 떨어져야 했던 일을 계기로 견성이랄까 성격이 변했습니다. 아주

명랑한 개였는데 사나워지고 매사에 반항하는 개가 되어 버린 것이
었죠. 일종의 마음에 상처를 받은 것입니다. 자신이 믿고 있던 것이
와르르 무너져 버렸다고나 할까요. 예를 들어 기독교인이 절대 신으
로 믿고 있는 예수 그리스도가 사실은 사탄이었다고 할 정도의 청천
벽력과 같은 충격인 것입니다. 즉 개들의 세계에서는 가장 믿고 있는
것이 바로 주인입니다. 그런데 자신을 버리고 시집을 간다는 것은 하
늘과 땅이 뒤바뀔 정도의 큰 충격인 것이죠. 따라서 이런 일은 절대
로 개에게 해서는 안 될 일입니다. 개로서 가장 슬프고 마음에 상처
를 입는 것이니까요.

이 외에도 좀 슬픈 일은 역시 주인의 기분이 안 좋을 때입니다. 제
가 기르고 있는 개가 가장 슬퍼하는 때는 역시 제 기분이 안 좋을 때
입니다. 계속 딴 곳을 쳐다보는 시늉을 하고 있지만 귀는 저를 향해
서 쫑긋 세우고 있죠. 제 기분이 나아지기만을 납작 엎드려서 기다리
고 있는 것입니다. 그래서 보통 때 같으면 전화벨이 울려도 전혀 반
응이 없는 개가 엉뚱한 일에 신경질을 부리거나 전화벨이 울릴 때 짖
기도 합니다. 그래서 곧 제게 들켜 버리고 말지요. 그때 개의 표정을
살피면 마치 '주인이 오늘 밖에서 무슨 기분 나쁜 일이 있었나 보군'
하는 듯한 표정입니다. 그리고 주인 곁에 평소처럼 친근하게 다가오
질 않습니다. 개는 주인의 기분을 민감하게 알아채고 있는 상태이니
까요. 그래서 간혹 주인이 밖에서 기분 나쁜 일로 씩씩대며 집에 들
어가면 개가 마중을 나오지 않는 이유도 바로 여기에 있습니다. 반대
로 기분이 좋아서 들어가면 개도 펄쩍펄쩍 뛰어나와 마중을 합니다.
즉 자기 주인의 그때그때의 기분을 발걸음소리, 숨소리로 미리 집 안

에서, 대문 안에서도 알아채고 있는 것이죠.

저희 집 개는 제가 기분 나빠 속상해 하고 있는 경우, 제 기분이 나아질 때까지 납작 엎드려서 조용히 기다립니다. 그러다 제가 TV나 만화를 보며 하하하 웃음을 터뜨리면 그 순간 장난감을 입에 물고 '나랑 놀자, 나랑 놀자' 하고 조르듯 달려오지요. 마치 주인의 기분을 맞추기라도 하듯 말입니다. 예를 들어 펄쩍 뛰어오르다가 주인의 콧등에 부딪혀 주인의 코에서 피가 날망정 주인의 기분이 좋을 때는 화를 별로 내지 않는다는 것도 알고 있습니다. 하지만 반대로 주인이 화가 나 있을 때는 일부러 그런 것이 아닌데도 많은 화를 낸다는 것을 알고 있지요.

Q57. 개에게 있어 가장 기쁜 일은 무엇인가요?

물론 주인이 행복할 때입니다. 개는 주인이 기뻐하면 자신도 기뻐합니다. 비록 자신과는 아무런 관계가 없는 것이라도 주인이 기뻐하면 자신도 기뻐하죠. 반대로 주인이 화를 내거나 슬퍼하면 개도 따라서 슬퍼합니다. 사실 개를 기르다가 이런 면이 개의 가장 귀여운 모습이 아닐까 생각합니다.

학교에서 선생님께 칭찬을 듣고 주인이 기뻐한다고 합시다. 그것이 개와는 아무런 상관이 없는 일이죠. 과자를 주는 일도 아니고 말입니다. 즉 아무 것도 얻는 것이 없지만 개는 그저 주인이 기뻐하니까

| 개에 대해 알고 싶은 모든 것 |

덩달아 기쁜 것입니다. 따라서 주인이 불행하거나 정신적으로 불안정한 상태에서 개에게 맛있는 햄이나 간식을 주면 개는 보통 때와는 다른 반응을 나타냅니다. 아예 입에도 안 대는 개도 있지요. 결국 개는 주인이 낙심해 있을 때 함께 느끼고 함께 반응합니다. 즉 주인의 감정 상태가 바로 개의 기분을 좌우하게 되는 것이죠. 따라서 개를 기르는 사람은 되도록 명랑해야 합니다.

개는 살아가기 위해 또, 자신의 유전자를 미래에 남기기 위해, 사람들을 즐겁게 하기 위해 있는 동물입니다. 사실 동물의 본연으로써는 그리 보람 있는 일은 아니지만, 그만큼 인간적인 감각이 발달되고 사람과 잘 어울려 살아갈 수 있도록 그것에 적합한 방향으로 진행되었기 때문에 그렇게 살아가는 것입니다. 다시 말해 개는 이미 사람에게 의지할 수밖에 없는 동물입니다. 평소 사람과 가까이 하지 않는 동물은 사람을 즐겁게 해 준다고 해도 아무 의미가 없지만 사람과 가까이 하는 동물은 사람의 감정에 접근하는 것이 곧 자신들이 살아남는 방법이므로 사람의 감정을 살필 수밖에 없는 것이죠.

Q58. 개가 좋아하는 냄새와 싫어하는 냄새는 무엇인가요?

보통 조금은 자극적인 냄새, 그렇다고 화학적인 것이 아닌 유기적인 냄새를 좋아합니다. 사실 개들은 멋스러운 감각이 있습니다. 인간사회에서 살아가고 있는 생명체들은 자신을 돋보이고 싶어 하는, 자기주장을 하고 싶어 하는 성향이 있죠. 그런 점에서 개는 냄새로 자기주장을 하는 경우가 있습니다. 사람이 향수를 뿌리는 것과 같다고 할 수 있죠. 그러면 어떤 냄새로 자기주장을 할까요? 네. 가장 많이 볼 수 있는 것이 돼지 똥 썩는 냄새, 지렁이 썩는 냄새입니다. 보통 이 두 가지 냄새에는 매우 강하게 반응합니다. 그래서 간혹 시골 목장 같은 곳에 개를 풀어 놓으면 나중에 광장히 지독한 냄새를 풍기며 돌아오는데 목장 근처에 떨어진 돼지 똥이나 지렁이 썩으며 생긴 물을 몸에 묻혔기 때문입니다. 그러면서 기분이 좋아서 혹시 주인이 칭찬해 주지 않을까 하고 생각하지요. 하지만 주인은 지독한 냄새에 한대 철썩 하고 개의 엉덩이를 때릴지 모르겠군요.

도시에서 사는 개의 경우도 유독 좋아하는 냄새가 있습니다. 바로

카레냄새인데요. 카레라이스를 먹고 싶어 해서 맵지 않게 고기만 건져 씻어 주면 먹는 것이 아니라 카레 냄새가 나는 고기에 자신의 몸을 비벼 대기 원합니다. 개가 좋아하는 향수처럼 말입니다. 다시 말해 조금은 자극적이고, 그러나 화학적이지 않은 유기적인 냄새를 좋아합니다.

반대로 싫어하는 냄새는 인공적이고 화학적인, 자극적인 냄새입니다. 보통 신나나 헤어스프레이, 화학합성으로 만든 오드콜로뉴(Eau de Cologne)와 같은 냄새이지요. 이렇게 사람과 개가 좋아하는 냄새의 취향이 전혀 다른 만큼 사람이 쓰는 향수를 개에게 뿌려 주는 것은 사람이 자신의 몸에 돼지의 똥을 바르는 것과 같은 의미입니다. 따라서 사람이 사용하는 샴푸로 개를 목욕시키는 것은 개로서는 매우 기분 나쁜 일일 수 있습니다. 그래서 간혹 향수 냄새가 심하게 나는 사람도 개는 싫어하는 경우가 많습니다. 물론 습관이라는 것이 있기 때문에 목장이나 양돈업을 하는 사람이 동물의 변에 익숙해 있는 것처럼 향수냄새가 심한 부인이 기르는 개는 어느 정도 익숙해져 있어서 보통의 개와는 다를 수도 있습니다. 물론 속으로는 이렇게 생각하겠죠. '우리 엄만, 냄새가 너무 지독해!'

과일이나 꽃처럼 자연적인 냄새는 좋아합니다. 꽃을 먹는 개도 있으니까요. 과일 냄새는 자기주장을 위한 향수가 되기도 하고, 식욕을 자극하는 냄새가 되기도 합니다. 그리고 자극적이고 강렬한 냄새를 맡으면 심하게 재채기를 하게 되는데 한번 시험해 보셔도 됩니다. 개가 옆에 있을 때 향수나 오드콜로뉴를 한번 뿌려 보십시오. 아마 재채기를 하게 될 겁니다. 그리고는 마치 콧속에 들어온 지독한 냄새를 다 몰아내기라도 하듯이 쿵쿵거리기를 멈추지 않을 것입니다.

Q59. 개가 가장 싫어하는 생명체는 무엇인가요?

그것은 주인의 적입니다. 인간 사회에서는 상대가 좋건, 싫건 그것을 분명하게 표현하게 되면 사회에서 고립되는 경우가 있습니다. 그래서 아무리 싫은 상대라도 건성으로나마 관계를 유지해 나가려고 합니다. 하지만 개는 그런 것에는 조금도 구애받지 않고 싫은 상대에 대해서는 짖거나 물기도 합니다. 실제로 자기주인이 싫어하는 사람이란 것을 알기 때문입니다. 즉 주인이 정말로 싫어하는 사람, 생명체, 그것을 사람과 함께 살고 있는 개는 무엇보다 싫어하는 것입니다.

동물적인 면에서 볼 때는 자신에게 해를 입힌 적이 있는 생명체가 가장 싫습니다. 그것은 고양이나 송충이, 개구리일 수도 있겠죠. 물론 송충이나 개구리를 장난으로 물었던 경우가 있는데 그때 얼굴이 퉁퉁 부어올라 혼이 난 적이 있다거나 할 경우 이런 생명체에 대해 싫어하는 것입니다. 그리고 이 의미는 사람이 뱀에게 물린 적도 없는데 뱀이 싫다고 하는 것과는 의미가 다릅니다. 개는 낯선 사람을 보면 경계는 하지만 그건 단지 경계일 뿐 싫어하는 것은 아니니까요. 그래서 실제로 해를 입힌 상대에 대해서만 혐오감을 품게 되는 것입니다. 이것은

동물로서 자신에게 해를 입혔기 때문에 싫어하는 것이지 실제 생활 가운데 생명체가 싫어지게 되는 것은 역시 주인이 싫어하는 인물이죠.

예를 들어 친구의 집에 처음 갔는데 그 집 개가 나를 보고 멍멍 짖었다고 합시다. 그렇다면 이 때도 그 개는 나를 싫어하는 걸까요? 하는 궁금증이 생기겠죠. 결론부터 말하자면 아닙니다. 환영의 의미로 짖는 것일 수도 있으니까요. 사실 개가 멍멍 짖어 대면 좀 무섭게 보이긴 합니다. 개가 웃을 때의 표정은 화가 났을 때의 표정과 같으니까요. 침팬지의 두려운 얼굴과 사람의 웃는 얼굴이 같은 것처럼 말입니다. 즉 비슷한 표정을 지어 보여도 실제의 의미는 다를 수 있다는 것입니다. 송곳니를 드러내며 낮은 소리로 으르렁거리는 것은 분명 경계하는 의미구요.

예를 하나 더 들어보면, 저희 집 개가 유독 좋아하는 사람 중에 피자집 배달부가 있습니다. 개는 피자가 도착하면 자기도 한 조각쯤은 얻어먹을 수 있다는 것을 잘 알고 있지요. 그래서 주인이 주문전화를 하는 순간부터 현관에서 기다리며 안절부절못합니다. 그리고 피자가 도착하는 순간, 있는 힘을 다해서 짖지요. 그러니 이건 싫다는 의미가 아닙니다. 아무리 사납게 짖어도 말이죠. 즉 개는 이때 자신의 목적인 피자가 도착했으므로 아주 흥분한 상태가 되는 것입니다. 마치 "잘 했어. 어서 피자 놓고 빨리 가"라고 하는 것처럼 말입니다.

Q60. 개가 가장 무서워하는 것은 무엇인가요?

바로 주인입니다. 개는 주인을 마치 하나님과 같은 존재로 인식하고 가장 좋아하면서도 또 가장 무서워합니다. 기독교인이 하나님을 사랑하면서도 두려워하는 것과 마찬가지라고 할 수 있겠죠.

　제 친구 중에 남미의 아르젠틴 도그 또는 도그 아르젠틴이라고 불리는 표범 사냥개를 기르는 사람이 있습니다. 이 개는 혼자서도 표범을 공격하여 숨통을 끊어 놓을 만큼 힘이 센 개인데 털이 짧고 토사견 같은 느낌을 가졌으며(주인이 다른 짐승과 자신을 구별할 수 있도록 하기 위해 흰색의 털을 가졌음) 체중이 60킬로그램 정도이고 수놈이며 머리가 무척 큽니다. 보통의 몽둥이로 때린다고 해도 절대 꿈쩍하지 않는 녀석이죠. 그런데 이 개가 무슨 잘못을 했을 때, 주인이 단지 "흠!" 하고 한숨이라도 내쉬면 그것만으로도 녀석은 너무 무서운 나머지 오줌을 질금질금 쌉니다. 즉 표범과 맞서 싸울 정도로 용

맹스러운 녀석이 주인의 한숨에도 크게 놀라는 것이죠. 이렇듯 개는 자신의 주인을 가장 무서워합니다. 그래서 주인의 얼굴표정만 살피는 것이죠. 앞에서도 말했듯 개는 주인이 기분이 좋으면 자신도 기분이 좋고, 주인의 기분이 나쁘면 자신의 기분도 나빠합니다. 또 주인이 슬퍼하면 자신도 슬퍼하죠.

주인 외에도 무서워하는 것이 하나 있습니다. 좀 특별한 경우이긴 하지만 '음성샤이' 라고 해서 큰 소리에 이성을 잃을 정도로 놀라워하는 개가 있습니다. 이 개의 놀라는 중세는 유전병으로 알려져 있으며 구체적으로 천둥소리나 불꽃놀이 시 나는 소리에 태어날 때부터 공포심을 가지고 있습니다. 그리고 성견이 되면서는 더 심해져 나중에는 하늘에서 들려오는 모든 소리에 반응합니다. 즉 비행기나 헬리콥터소리, 심지어 불꽃놀이를 연상시키는 화약 냄새만 맡아도 반응하게 되지요.

개는 사람보다 청각과 후각이 발달되어 있기 때문에 깜짝 놀랐을 경우, 전력질주로 도망가려고 합니다. 주인이 옆에 있는데도 말입니다. 또 사람이 맡을 수 없을 정도의 미미한 화약 냄새도 즉시 알아차리고 도망가려고 합니다. 그리고 여름철에 왠지 습도가 높아지고 우레가 칠 것 같은 냄새를 공기 중에서 맡는 날이면 역시 두려움에 떨죠. 우뢰 냄새는 곧 천둥, 천둥은 다시 하늘에서 들려오는 큰 소리를 연상하게 만들기 때문입니다. '자 도망치자' 하고 생각하는 것이죠. 그래서 여름철에는 길을 잃는 개가 상당히 많아지는 것을 볼 수 있습니다. 천둥소리에 놀라 온 힘을 다해 줄을 질질 끌고라도 날뛰며 도망가기 때문이죠. 그리고 소나기가 그치면 그제야 '휴-우' 하고 정신을

차립니다. 하지만 이미 늦어 자신이 있는 곳은 낯선 동네가 되고, 결국엔 동물보호소로 가게 되는 것입니다. 안타깝게도 이 병은 유전병이라 좀처럼 치료되지 않는다는 것도 무척 슬픈 일이구요. 간혹 이와 같은 경우 주인은 잘 알지 못해 개를 야단치는 경우가 많습니다. 평소와는 달리 개가 반응하고 주인을 버리고 도망치려고 했으니까요. 그렇지 않아도 놀라서 공포심에 떨고 있는 개가 주인의 화난 표정과 소리까지 듣자 더더욱 공포심에 놀라게 되는 것은 당연한 일입니다.

처음 개를 기르는 사람이나 어린 강아지를 분양받아 데리고 올 경우, 이런 유전병을 알아차리기 위해 미리 검사를 하는 경우가 있는데 그것은 다름 아닌 그 앞에서 폭죽을 터뜨려 보는 것입니다. 하지만 이렇게 일일이 하다간 개를 팔려는 사람이 무척 싫어하게 되겠죠. 어쩌면 이상한 사람 취급을 받을 수도 있습니다. 따라서 만일 이런 개를 기르게 된다면 일단 교육을 시켜 보는 것이 좋을 것 같습니다. 공포의 대상과 마주하게 되었을 때 힘껏 위로해 주고 맛있는 것을 주는 식으로 무서운 소리가 나더라도 곧 좋은 일이 생긴다는 것을 인식시키는 방법입니다. 즉 조건을 만들어 반사행동을 인지시키는 것이죠.

유독 영리한 개들 중에 '음성샤이'인 개가 많습니다. 즉 생각이 깊고, 주인의 말을 잘 듣고, 재치 있으며 두뇌회전이 빠른 개에게 많이 나타나는 증상이죠. 물론 주인에게 폭탄이 떨어져도 멍하니 있을 것 같은 개에게는 이런 걱정이 없겠군요. 개들도 공평하지는 못하네요.

Q61. 개는 사료를 맛있다고 생각하며 먹을까요?

아닙니다. 조금도 맛있다고 생각하지 않습니다. 할 수 없이 먹는 것이죠. 예를 들어 그릇에 사료를 가득 담아 주고 같은 시간에 가족들이 식사를 한다면 개는 사료는 쳐다보지도 않고 가족들이 먹는 음식을 얻어먹으려고 식탁에 달라붙을 것입니다. 그리고 가족들이 식사를 끝내고 식탁 위에 아무것도 남아 있지 않게 되어야 자신의 먹이를 먹으러 갑니다. 그렇다고 사람이 먹는 음식만 주는 것은 개의 신체에 그다지 좋지 않습니다. 개 사료는 완전히 균형 잡힌 영양식이므로 어설프게 고기나 야채를 섞어 만든 것을 주는 것은 개의 입장에서 본다면 그다지 좋은 식사가 되지 못합니다. 사료는 개의 발육에 있어 상당한 효과를 주는 음식이며 실제로 사료와 물만으로 기르는 것이 가장 좋은 방법입니다. 즉 사람이 먹는 것을 사료에 섞어 주지 않는 것이 개를 가장 아름답게 자라게 하지요. 특히 성장기의 중요한 시기에는 개가 사료 이외의 음식에 흥미를 갖지 않도록 주인이 차라리 외식을 하는 것이 이상적일지도 모르겠습니다. 실제로 저는 그렇게 했습니다.

대체적으로 개가 완전히 성장하는데 있어서는 12개월이 걸립니다. 그래서 저는 한 1년 정도 외식을 했습니다. 물론 성장기가 끝난 후엔 조금씩 사람이 먹는 것을 주어도 괜찮습니다. 그러니 그때부터

는 식탁에서 개와 함께 먹는 것은 어떨까요. 개를 마당에 내놓고 방 안에서 식사한다 해도 냄새로 알아차리게 됩니다. 개는 소외당하는 것을 싫어합니다. 가족 모두 같은 음식을 먹고 있는데 왜 자기만 다른 것을 먹어야 하나, 이것이 마음에 들지 않는 것이죠. 저희 개가 심하게 사료를 싫어해서, 싫다는 표현보다 혐오감이라고 해야 할 만큼 싫어해서, 제가 일부러 사료를 젓가락으로 집어 으드득 으드득 소리 나게 씹어 먹은 적이 있었습니다. 요즘 개 사료는 아주 잘 만들어져 있습니다. 사람이 먹어도 배가 아프거나 하는 일은 없죠. 다시 말해서 자기가 먹을 수 없는 것을 개에게 주는 그 자체가 잘못된 것입니다. 그러니 개 앞에서 먹는 것을 보여 주는 것입니다. 맛있는 것처럼 먹는 모습을 보여주면 개도 '그렇구나' 하고 급히 먹기 시작합니다. 근데 개 사료는 정말 맛이 없어요. 냄새만 날 뿐, 아무 간이 되어 있지 않아서 꼭 밀가루 같답니다.

Q62. 개가 가장 좋아하는 음식은 무엇인가요?

주인이 흥미를 갖고, 좋아하는 음식입니다. 예를 들어 바닥에 고기, 과자, 시리얼이 떨어져 있다고 한다면 보통의 개는 고기 쪽으로 향합니다. 그러나 주인이 시리얼을 맛있게 먹는다면 개는 고기를 놔두고 주인이 먹는 시리얼에 침을 흘리고 탐을 내지요. 즉 주인이 먹고 있는 것을 원하는 게 개의 특성이라고 할 수 있겠습니다.

현재 저는 도베르만을 2대 째 기르고 있는데 이 녀석은 과일을 무척 좋아합니다. 그리고 처음엔 고기를 무서워하기도 했습니다. 이런 이유를 곰곰이 생각해봤는데 제 아내가 완벽한 채식주의자이기 때문이 아닐까 하는 생각이 들었습니다. 제 아내는 고기는 입에도 안 대고 야채와 과일만 먹거든요. 즉 도베르만이 어릴 때부터 제 아내가 교육자의 한 사람으로 관여했기 때문에 과일이나 야채에 흥미를 갖게 되었던 것입니다. 그러나 1대였던 도베르만의 경우는 제가 독신시절에 길렀었기 때문에 과일에는 그다지 흥미를 보이지 않았었습니다. 전 그다지 과일을 즐기는

편이 아니니까요. 그래서 그때는 고기나 사골 뼈 속의 골수를 숟가락
으로 떠먹이거나 값이 싼 말고기를 사다가 삶아 먹이고는 했습니다.
제가 고기를 좋아하다 보니 제 식성에 맞춰 길들여진 것이었죠. 지금
의 개는 비록 그릇에 고기가 가득 담겨 있어도 "귤 좀 주세요. 귤, 귤,"
하고 보챕니다. 역시 개의 식생활은 주인에 의해 크게 좌우되는 것이
아닐까 합니다.

Q63. 충견으로 유명한 '하찌'는 정말로 주인이 돌아오기를 기다리고 있었을까요?

이렇게 이야기 하는 것을 들은 적이 있습니다.
'저녁이 되어 가로등이 켜지고 사람들이 술을 한 잔 하면서 닭 꼬치
를 먹고 있다. 술에 취한 사람이 닭 꼬치를 주니까 '하찌'는 그 닭 꼬
치가 먹고 싶어서 매일 같이 그 곳을 지나간 것이다. 그리고 닭 꼬치
를 먹고 있을 때 마침 주인이 나타나서 함께 집으로 돌아 온 것뿐이
다' 라고요. 그리고 '너는 또 길거리에서 먹고 있는 거니?' 라는 핀잔
도 듣고 말입니다. 그리고 '실제로 그렇다' 고 씌어 있는 책도 있습니
다. 끝에 결론까지 달아 놓고 있지요. '주인이 죽은 후 결국 닭 꼬치
주인이 개를 길렀다' 고. 그 책에 의하면 주인이 죽은 후에도 닭 꼬치
를 먹기 위해 계속 갔다고 합니다. 그것이 주인이 죽었는데도 기차역

에서 기다리고 있었다는 이야기가 되었다고 하더군요. 그러나 저는 이렇게 트집 잡는 것 같은 해석은 별로 좋아하지 않습니다. 컴퓨터 마니아들이 잘 그러는데 많은 정보들로부터 자신이 옳다고 생각하는 것, 옳지 않은 경우에도 자신이 믿고 싶어 하는 것을 받아들인다고 합니다. 그래서 그들에게는 이런 일이 꽤나 중요한 작업인 것 같습니다. 그러나 저는 단지 개를 좋아하기 때문에 그렇게 삐딱하게 나쁜 쪽으로 생각하고 싶지 않습니다. 따라서 저는 '하찌' 가 닭 꼬치도 먹고 싶었겠지만 주인이 돌아오기를 기다린 것은 사실이었다고 생각합니다. 분명히 닭 꼬치도 맛있었겠죠. 하지만 주인이 돌아오는 것은 더 큰 기쁨이었을 것입니다. 주인과 함께 걸을 수 있으니까요. 그렇지 않았으면 주인은 혼자 돌아가게 하고 자기는 닭 꼬치 포장마차로 들어갔을 것이 분명합니다.

하찌는 주인이 돌아오면 좋으니까 닭 꼬치를 먹으며 기다린 것이 아닐까요. 주인과 걷는 쪽이 좋았던 것입니다. 그리고 주인을 기다린다고 해서 닭 꼬치를 마다할 이유는 없지요. 애초에 개는 밥보다 산책을 좋아합니다. 그래서 닭 꼬치도 좋지만 주인과 함께 돌아오는 것이 훨씬 기쁜 일입니다. 또 혼자 역 앞에 갔다는 것은 줄로 묶어 기르는 개가 아니라는 것을 말합니다. 그런데 줄로 매어 놓지도 않은 개가 닭 꼬치의 유혹을 뿌리치고 주인과 함께 돌아왔다면 그보다 대견스러운 것이 또 어디에 있겠습니까? 아마 저희 집 개 같았으면 열심히 닭 꼬치를 다 먹어 치운 다음 허둥지둥 제 뒤를 따라 왔을지도 모릅니다.

Q64. 남극에 남겨졌던 '타로'와 '지로'는 배신당했다고 생각하지 않았을까요?

먼저 대답을 하기 전에 이것은 정말 심한 이야기라고 생각합니다. 물론 이야기라는 것이 듣는 사람에 따라 비극이 될 수도 있고, 희극이 될 수도 있습니다. 하나의 사물은 다방면에서 보지 않으면 그냥 비유에 지나지 않게 되니까요.

시각을 조금 바꿔서 생각해 봅시다. '타로와 지로에게 엄청 도움을 받았음에도 대원들은 일본으로 돌아가게 되었다는 기쁨에 의리고 우정이고 모두 잊은 채 아무것도 모르는 개들을 먹이도 없는 남극오지에 그냥 남겨 두고 왔답니다. 아, 무심도 하지.'

'사실 남극에 개들을 남겨 두고 오는 것은 고통이었다.' '남극에 남겨진 개들은 1년 동안이나 살아 있었다.' 이렇게 여러 가지로 생각할 수 있지 않을까요? 그러나 사실은 한 가지. 일반적으로 '타로와 지로는 남극에 남겨졌지만 살아남았다' 이 부분에서 사람들은 감동을 하는 것입니다. 그러나 확실히 함께 일했던 개를 남겨 놓는 일은 정말 슬펐을지도 모릅니다. 아니면 의외로 아무 생각 없이 남겨 놓았을 가능성도 있습니다. 그

당시 사람들은 남극에 개를 남겨 놓아야 하는 슬픔보다 되도록 빨리 일본으로 돌아가서 아내가 해주는 밥을 먹고 싶은 마음이 더 강했을 테니까요. 그러면 본론으로 돌아가서 개들은 정말 '나만 두고 가 버렸다'라든지 '배신당했다'라고 생각했을까요? 저는 아니라고 생각합니다. 왜냐하면 개라는 동물은 절대 배신하는 동물이 아닙니다. 즉 설사 배신당했다고 하더라도 그것을 인식하지는 못합니다. '다들 어디 외출했나 봐'라고 생각할 가망성이 더 높지요. 그리고 1년 만에 돌아 온 대원들에게 '어서오세요. 우리 배고파서 바다표범 똥도 먹었어요.' 이렇게 말했을지도 모릅니다. 바다표범의 시체나 아니면 그 배설물에는 바다표범이 먹은 물고기가 미처 소화되지 않은 채 얼어서 남아 있었던 것 같습니다. 기록에도 그런 것을 먹으며 살아갔던 것이라고 적혀 있지요. 즉 개의 기분과 생각으로는 시간의 흐름에 상관없이 그저 '다녀오세요'와 대원들이 돌아왔을 때는 '어서오세요' 였을 것입니다. 개는 단 5분간의 산책을 하기 위해 하루 종일을 기다리는 습성이 있으니까요. 시간의 길고 짧은 것의 개념이 없는 것입니다.

　한번은 이런 일이 있었습니다. 친구 집에 놀러 갔는데 친구가 개에게 먹이를 주고 있었습니다. 그리고 그 친구는 절 마중 나오느라 개에게 "기다려"라고 했지요. 그런데 제가 친구에게 초밥 먹으러 가자는 말을 했고, 평소 초밥을 너무 좋아해 순간 눈이 먼 그 친구는 개에게 기다리라고 한 것을 까맣게 잊고 나왔던 것입니다. 그리고 친구는 새벽녘에야 집으로 돌아갔습니다. 하지만 개는 그 때까지 꼼짝도 하지 않고 기다리고 있었습니다. 물론 밥그릇 앞에서 꼼짝도 안 한

것은 아니지만 밥은 그대로 있었지요. "왜 먹지 않았을까" 하고 친구가 궁금해 하며 내게 묻기에 제가 대답했지요. 혹시 "기다리라고 말하지 않았어?"라고요. 그랬더니 친구는 그제야 생각하고 "아, 그랬나. 자, 먹어도 좋아" 하고 말했지요. 그러자 말이 끝나기가 무섭게 개는 마치 걸신들린 듯 먹기 시작했답니다. 다시 말해서 개는 아무래도 시간 개념이 없는 것인지도 모릅니다. 저의 경우도 "이 원고 다 쓰고 산책 데리고 갈게, 기다려"라고 말한 뒤 쓰다 보면 계속 쓰게 되는 경우가 생기기도 하고, 또 어느 때는 새 소리가 들리기도 합니다. 날이 밝은 것이죠. 그리고 '아 아침이네.' 하고 생각나서 보면 개는 그때까지도 저를 기다리고 있습니다. 여전히 제 말을 믿고 있는 것이죠. 어쩌면 개에게 있어 기다림이란 그다지 두려운 것이 아닌지도 모릅니다.

Q65. 로켓을 탄 '라이카'는 어떤 생각을 하고 있었을까요?

유인 로켓을 발사하기 전 단계에 개를 실어서 우주공간에 띄우는 유명한 실험이 있었습니다. 이 실험에서 로켓 안에서의 조작은 조건반사를 통해 기억시켰다고 하더군요. 저도 낡은 필름을 통해 봤더니 앞다리로 무슨 동작인가를 하니까 먹이가 나오는 장치가 되어 있었습니다. 아마도 그 개는 사람을 믿고 있었을 것입니다. 그렇지 않았다면 그런 훈련을 할 수 없었을 테니까요. 그리고 실험 로켓의 보통 훈련처럼 실제 로켓을 탔을 때도 훈련받을 때와 똑같은 기분이었을 것입니다. 그렇지 않다면 실험도 성공하지 못했을 테니까요. 아마 사람처럼 '와아, 이제 난 우주에 간다' 하는 것과 같은 생각은 없었을 것입니다. 단지 조건반사적으로 배고프면 손잡이를 조작해서 먹이가 나오도록 했겠죠. 그렇지만 날아 올라가는 순간에는 무서웠을 것이란 생각이 듭니다. 땅이 울리는 것 같은 느낌 가운데 개로서는 그다지 익숙지 않은 느낌을 체감했

을 테니까요. 게다가 아무도 회수하지 않을 그 로켓은 지금쯤 우주공간 어디를 떠돌며 우리가 별이라는 이름으로 부를 그런 존재가 되어 있을 것입니다.

개는 분명 외로웠을 것입니다. 그래서 '이것만 끝나면 집에 갈 수 있어' 라고 믿으며 죽어 갔을 것이란 생각이 듭니다. 아마 도중에 먹이가 다 떨어졌을 때에는 '이거 뭔가 잘못 된 거야' 라고 생각했겠죠. 그리고 '이것이 늘 나의 생활이었지' 라고 생각하면서 언제 돌아갈 수 있을까 하고 생각했을 것입니다. 아무렴 죽을 때까지 우주를 날아다녀야 한다고는 생각지 않았을 테지요.

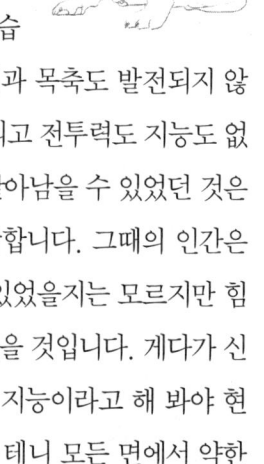

수 만 년 전, 인간이 아직 힘이 약하고 즉, 동물도 아니고 인간도 아니었던 시대가 있었습니다. 그때 인간은 굴을 파서 살았으며, 농경과 목축도 발전되지 않았고 단지 수렵 채집만 하던 민족이었죠. 그리고 전투력도 지능도 없는 어중간한 기형의 원숭이 같았던 인간이 살아남을 수 있었던 것은 개의 도움이 있었기 때문이 아니었을까 생각합니다. 그때의 인간은 지능이 다른 동물에 비해 조금 더 발달되어 있었을지는 모르지만 힘도 약하고 후각도 약하며 빨리 달리지도 못했을 것입니다. 게다가 신체 전부가 털로 덮혀 있었던 것도 아니었고, 지능이라고 해 봐야 현대의 인간처럼 그렇게 높았던 것도 아니었을 테니 모든 면에서 약한 존재였던 것입니다. 그리고 인간이 발전되어 가는 그 어중간한 시기에 개가 있으므로 해서 난폭한 육식동물로부터 보호를 받을 수 있었을지도 모릅니다. 개는 인간의 옆에서 인간을 지키며 인간의 아기를

다른 동물이 해치려고 할 때는 그 위험을 짖는 것으로 알리기도 하고 또 사냥을 할 때도 함께하며 지냈을 것입니다. 그리고 때로 인간은 그 개를 잡아먹기도 했을 테고요. 물론 개도 아기를 해쳤을 수 있습니다. 그러나 이런 관계가 계속 되어 감에 따라 차차 팀워크가 이루어 졌을 것입니다.

저는 그 옛날 개가 없었더라면 인간이 과연 지금의 존재로 지금까지 존속할 수 있었을까 하고 생각해 봅니다. 개는 용감하고 정말 의지가 되는 동물이니까요. 개는 이처럼 사람에게 아주 중요한 위치를 차지하고 있었습니다. 그런데 인간이 농경목축을 하기 시작하면서 과학과 기술 문명이 생겨나고 이것이 교만과 자만심을 불러일으키게 되었죠. 그리고 급기야 인간은 자연계 모두를 지배하고 싶어진 것입니다. 그리고 지금은 자연을 완벽하게 파괴할 수도 있는 힘을 지니게 되었지요. 그런 것인 줄도 모르고 자신들의 세상이 전부인양 인간은 주위에 눈길 한번 주지 않고 개에게 위의 로켓 실험 같은 것을 잘도 시킨다는 생각이 듭니다. 인간들이 힘도 약하고 아무것도 모르던 시절에 개로부터 그 많은 도움을 받았는데 말이죠.

동물실험은 꼭 필요한 경우를 제외하고는 편리하다거나 비용이 적게 든다는 이유로 행해져서는 절대 안 됩니다. 인권이란 것이 있는 것처럼 동물에게도 권리가 있다고 생각합니다. 즉 동물도 살 권리가 있는 것이지요. 물론 지금은 너무 흔한 말이 되어서 아무리 말해도 의미를 생각하는 사람이 없는 것 같습니다만 그러나 사실 아주 중요한 일입니다. 동물의 권리라는 것은 가축이나 야생동물들에게도 해당되는 것이니까요. 이렇게 말하면 '당신 고기 안 먹어? 먹고 있잖

아.' 하고 반문하시겠죠. 네. 당연히 고기를 먹기 위해서는 동물의 생명을 죽음으로 내몰 수밖에 없습니다. 생명체가 살아가기 위해서는 다른 생명체를 먹지 않으면 안 되니까요. 하지만 살기 위해서 먹는 것은 '정당한 살생'이라고 생각합니다. 따라서 저는 음식으로써의 고기가 되어 준 소 선생님의 죽음에 감사하게 생각하고 있습니다.

Q66. 개는 자기보다 더 좋은 대우를 받고 있는 다른 개를 부러워할까요?

더 좋은 대우를 부럽다고 생각하는 일은 아마 없을 것입니다. 즉 저 집은 넓어서 좋겠다든지 주인이 부자라서 좋겠다, 부인이 예뻐서 좋겠다 이런 생각은 인간이 하는 생각입니다. 그래서 저 녀석은 루이비통 목걸이를 했는데 내 것은 늘 시장에서 파는 싸구려라니까 하는 생각으로 주눅 드는 일도 없습니다. 하지만 다른 개가 눈앞에서 맛있게 먹고 있는 것을 보면 부러워하지요. 그리고 삑삑 소리 나는 장난감이나, 씹으면 살살 녹는 개 추잉검 같은 것을 다른 개가 갖고 있는 것을 보면 부러워 할 것이라 생각합니다. 하지만 어디까지나 사람이 사람을 부러워하는 것과는 조금 다릅니다. 사람은 계속 부러워하다가 나중에는 질투를 하고 또 원망을 하기도 하는데 개는 단순히 나도 저것 갖고 싶은 데라고 생각할 뿐입니다.

Q67. 한 마리 더 기르고 싶은데 먼저 기르던 개가 질투하지 않게 하려면 어떻게 해야 하나요?

가장 좋은 방법은 순위를 만들어 주는 것입니다. 즉 먹이를 줄 때도 차례대로 주는 식의 순위를 정해 주는 것이죠. 예를 들면 먼저 기르던 개에게 먼저 주고 다음은 나중에 온 개. 이런 식으로 순위를 확실하게 해 두지 않으면 안 됩니다. 먼저 기르던 개는 무관심하게 내버려 둔 채 새로 데려온 개만 예뻐한다면 이건 너무 가엾지요. 그러면 먼저 있던 개는 괴로워하다가 위궤양에 걸릴지도 모릅니다. 그리고 나중에는 위가 메슥거려 토하는 일도 생깁니다. 먹이도 먹지 않게 되고 아마 아무데나 오줌, 똥을 싸기도 할 것입니다. 또 나중에 야단이라도 맞게 되면 이건 뭐 최악입니다. 아무데나 오줌, 똥 싼 것 때문에 야단맞는다는 사실을 모른 채 이번에는 새로 들어 온 개가 살살 옆에 다가옵니다. 정말 가슴이 갈기갈기 찢어지는 것 같을 것입니다. 먼저 기르던 개에게 확실하게 최고의 대우를 해 줍시다.

Q68. 어떤 행동이 개의 자존심을 상하게 하나요?

딱 잘라 말하자면 먹고 있는 음식을 뺏어서 다른 개에게 주는 일입니다. 개는 먹는 일, 주인과 함께 산책하는 일, 배설. 이러한 일들에 많은 구애를 받는 경향이 있습니다. 그래서 주인이 준 먹이를 다시 뺏어서 다른 개에게 주는 일은 마음에 굉장한 상처를 입게 합니다. 다음은 다른 개를 예뻐하는 것이죠. 자기는 늘 줄에 묶여 있는데 눈앞에서 다른 개를 산책시키거나 하게 되면 이것도 큰 상처가 됩니다. 어쩜 저럴 수가 있을까 하고 생각하지요.

이런 사람도 있습니다. '우리 개는 잡종이라 소변을 못 가리는데 산책 데리고 나갔다가 여기저기 싸면 다른 사람들에게 폐가 될 테니 아예 안 나가는 게 좋겠어. 근데 개와 산책은 하고 싶은 걸, 개 좀 빌릴 수 있을까요? 사실 이건 아주 최악의 상태입니다. 잡종이라고 가르치지 않아서 그렇게 된 것인데 자기 개는 은근히 무시한 채 옆집의 잘 길들여진 골든 리트리버를 데리고 산책한다는 것은 정말 심각한

개에 대해 알고 싶은 모든 것

일이지요. 그 집개는 상당히 기가 죽게 될 것입니다.

이 밖에도 새로 개를 데려오는 경우가 있습니다. 주인이 교육을 잘 시키지 않은 경우, 사회성이 없는 개가 특히 그런데, 새 친구가 왔다고 생각하지 않고 라이벌로 생각하는 것이죠. 교육을 잘 받은 개는 어린애로 생각하여 관대하게 대합니다. 하지만 그렇지 못한 개는 화가 나서 먹이를 거부하기도 하고 심지어는 설사를 하는 경우도 있습니다. 그리고 주인이 아기를 낳는 경우에도 상당히 상처를 받습니다. 이것도 주인이 교육을 잘 시키지 않았다는 증거가 됩니다. 교육을 잘 시켜 놓았다면 개는 아기를 자신이 지켜야 하는 새로운 생명이라고 인식하여 보호자 입장에 서게 됩니다. '아기가 귀여워, 정말 귀엽다' 하고 생각하고 식구들과 하나가 되어 함께 귀여워하게 되는 것이죠. 즉, 개 특유의 질투심을 유발하는 행위는 해서는 안 됩니다. 털이 뭉실뭉실한 곰 인형을 사 온 것만으로도 개의 질투심은 굉장하니까요. 어쩌면 그 인형이 나를 대신하는 것은 아닐까 하고 생각하게 되는 것이죠.

Q69. 개가 애교로 꼬리를 흔드는 경우에 대해 말해 주십시오.

먼저 개가 꼬리를 흔드는 데에는 몇 가지 패턴이 있습니다. 따라서 사람이 생각하는 것처럼 꼭 기쁠 때에만 흔드는 것이 아닙니다.

첫째, 아무생각 없이 그저 기쁠 때. 이것은 여러분 모두가 알고 있는 것처럼 당연히 꼬리를 흔들며 기쁨을 표현하는 것이죠. 둘째, 개를 기르고 있는 사람은 잘 알고 있는 것인데 무엇인가 잘 이해했을 때 흔드는 경우가 있습니다. 이것은 기쁠 때 흔드는 것과는 좀 다르죠. 주인과 개의 기분이 일치되었을 때 두세 차례 팔랑 팔랑 흔드는 느낌입니다. 예를 들어 주인이 '슬슬 개를 데리고 산책이나 할까' 하고 생각하며 개를 본 순간 개도 같은 생각을 하며 주인 쪽을 봅니다. 그리고 서로의 눈이 마주치면서 둘의 마음이 하나의 목적으로 일치 되면 그때 팔랑 팔랑 흔드는 경우가 있습

니다. 셋째, 공원에서 수캐들 사이에 인사의 표시로 역시 몇 번 팔랑 팔랑 흔드는 경우가 있습니다. 우정의 표시라고 할까요. 사람의 경우, 남자들 역시 오랜만에 만났다고 끌어안거나 겅중겅중 뛰거나 하진 않죠. 그저 점잖게 '어이 잘 지냈나' 이런 느낌으로 팔랑 팔랑 흔드는 것입니다. 마지막으로 이 경우는 오해하면 좀 위험한 패턴 중 하나인데 싸우고 싶어서 꼬리를 흔드는 경우가 있습니다. 특히 호전적인 성질을 가진 개에게서 많이 나타납니다. 예를 들어 아메리칸 핀도플이라고 하는 투견종이 있는데 이 녀석은 토사견과는 달리 룰을 전혀 무시한 채 결사적으로 싸웁니다. 즉 주인이 말리지 않으면 죽기 살기로 싸우는 것이죠. 그래서 투견 장에서는 꼭 죽는 개가 나오기도 합니다. 이 녀석들은 목에 줄을 매고 코너에서 기다릴 때 상대의 얼굴을 보고 맹렬하게 꼬리를 흔듭니다. 이 때 흔드는 것은 놀고 싶어서가 아니라 싸우고 싶어서, 싸우고 싶은 흥분에 못 이겨 꼬리를 흔드는 것입니다. 그러나 꼬리를 흔드는 것은 개의 감정 표현의 일부분일 뿐 그것으로 모든 것을 표현하는 것은 아닙니다. 즉 눈이나 얼굴 표정, 귀의 각도, 전신 근육의 긴장감 그리고 걷는 모습 등 경우에 따라서는 목소리와 꼬리가 대개 한 세트가 되어서 전체적으로 파악될 수 있습니다. 꼬리만 가지고는 알 수 없는 경우가 많은 것이죠.

이렇듯 전체적으로 봤을 때 여러 의미를 지닌 요소가 포함되어 있습니다. 이것이 개의 언어, 보디랭귀지이죠. 그러나 처음 개를 기르는 사람도 대개는 짐작할 수 있습니다. 그러고 보면 동물들의 감정 표현은 알기 쉬운 것이 아닌가 합니다. 그리고 애교로 꼬리를 흔드는 경우도 물론 있습니다. 기쁘지도 않은데 말입니다.

Q70. 잘 씻기지 않는 개가 있는데 개는 자기 몸에서 나는 냄새를 참을 수 있나요?

대체적으로 보면 잘 참을 수 있는 것 같습니다. 실제로도 목욕을 싫어하는 개가 의외로 많기도 하고요. 즉 개는 자기 몸에서 나는 냄새는 참을 수 있어도 샴푸 냄새는 도저히 참지 못하는 개들이 많습니다. 그러나 목욕을 하고 나면 결과적으로 가려움증도 사라지고 뭔가 산뜻한 기분에 잠도 잘 잘 수 있죠. 그래서 개들도 목욕한 날에는 깊은 잠을 잡니다. 목욕으로 피곤했는지는 몰라도요. 따라서 역시 목욕은 시키는 것이 좋습니다. 한밤중에 가려워서 긁적긁적 긁느라고 밤새 잠을 못자는 개도 있으니까요. 게다가 아무래도 불결하면 피부병에 걸리기 쉽죠. 그러니 최소한 한달에 한번은 시켜야 합니다. 그리고 매일 시킬 필요는 없습니다. 오히려 너무 자주 시켜도 피부병에 걸립니다. 자연환경에 가까운 불결함이라고나 할까요, 사람에게나 동물에게나 중요한 것입니다.

Q7. 개와 함께 기르기에 적합한 동물, 적합하지 않은 동물을 가르쳐주세요.

먼저 가축일 경우는 적합하다고 가르쳐 드리고 싶습니다. 즉 고양이, 염소, 말, 소, 양, 돼지, 닭 등이죠. 족제비도 괜찮고요. 가축은 다른 가축과 함께 뒤섞어 놓아도 괜찮습니다. 서로들 잘 어울리니까요. 물론 때로는 서로 다투기도 하지만 상대를 죽일 만큼 피해를 입히지는 않습니다. 특히 개는 주인의 물건을 지키려는 습성이 있기 때문에 그것이 아무리 작은 동물일지라도 보통은 수호자적인 행동을 취합니다. 그러나 품종에 따라서는 같은 가축이라고 해도 본능적으로 작은 동물에게 상처를 입히는 경우도 있으니 주의하시기 바랍니다.

반대로 적합하지 않은 동물은 역시 야생동물입니다. 예를 들어 치와와와 벵갈(인도 북동부에 있는 지역)산 고양이는 함께 기를 수 없습니다. 만일 그들을 함께 기른다고 한다면 주인과 개도 함께 사는데 적합하지 않은 경우가 될 것입니다.

Q72. 어미의 사랑이 부족하면 새끼는 바보가 된다고 하던데 사실인가요?

네. 사실입니다. 동물의 어미는 자신들이 살아가는 세상에서 새끼도 잘 살다 갈 수 있도록 교육을 시킵니다. 그래서 그것이 부족하게 되면 때로 치명적인 결점으로 이어질 수가 있지요. 야생동물의 경우는 새끼에게 사람은 적이라고 가르칩니다. 그래서 야생동물일 때는 어미로부터 되도록 빨리 새끼를 떼어내어 사람이 교육시켜야 사람을 잘 따르게 되지만 개일 경우는 어미가 사람과 개는 한편이라고 가르치기 때문에 빨리 떼어내면 사회성이 부족한 개로 성장하기 쉬워집니다. 즉 바보라는 표현보다는 사회성이 없는, 동료간의 공통적인 룰을 이해하지 못하는 개가 될 수 있다는 것이죠. 따라서 어떤 폐단이 나타나는가 하면 참을성이 모자라게 됩니다. 즉, 기다리지 못하는 개가 되는 것입니다. 이것은 고양이도 마찬가지인데 재미있는 부분입니다.

Q73. 한밤중의 공동묘지, 개도 무서워할까요?

만일 개가 혼자 타박타박 걷다가 우연히 묘지에 다다랐다. 이런 경우는 무서워하지 않습니다. 그러나 주인이 함께 있었는데, 주인이 무서워 할 경우는 개도 무서워합니다. 즉 주인이 무서워하면 개도 코와 귀, 눈의 감도를 높이고 바짝 긴장하여 주인 곁에 달라붙어 갑니다. '주인이 왜 이렇게 무서워할까' 하고 개도 불안해 지는 것이죠. 즉 개만 있을 경우 아무도 없는 묘지에서 '부스럭' 소리가 난다고 해도 놀라지 않지만 주인이 놀라게 되면 개도 놀랍니다. 따라서 혹시 한밤중 묘지에서 개가 무서워하고 있다면 그것은 주인이 무서워하고 있다는 증거입니다. 개를 데리고 묘지에 갈 경우에는 개가 지켜 줄 것이니 무서워하지 말고 지나가시길 바랍니다.

Q74. 애완견 숍에서 팔다 남은 개들은 어떻게 되나요?

일반적으로 값을 내려서 싸게 팝니다. 그다지 좋은 일은 아니지만 말입니다. 보통 암캐인 경우는 상업적인 몸값, 헐값에 사갑니다. 어미 개가 되기 때문이죠. 어미 개는 일종의 씨받이라고 할 수 있는데 개의 세계에서는 수놈의 혈통이 좋으면 암놈은 아무래도 상관이 없습니다. 따라서 팔다 남겨진 개라도 혈통이 좋은 수놈을 갖고 있으면 그 수놈의 새끼는 비싸게 팔립니다. 사실 이것은 좀 가여운 일이기도 하지요. 왜냐하면 암캐는 경우에 따라 죽을 때까지 계속 새끼만 낳다가 기진맥진 하게 되니까요. 그리고 후에는 틀림없이 폐기처분 될 것이기 때문에 정말 안타까운 일이지 않을 수 없습니다.

예를 들어 보통 300만 원에 팔리던 개가 팔리지 않게 되면 숍을 운영하는 사람도 곤란하게 됩니다. 그래서 15만 원에 팔기로 하는 것입니다. 300만 원이나 하는 개는 감히 기를 생각을 못하던 사람도 15만 원이면 길러 볼까 생각하고 싼 값으로 개를 사 가게 되는 것이죠. 왠지 좀 불쾌한 생각이 들기도 합니다만 예전, 폐기처분하는 일에 비하면 그나마 나은 일이라고 할 수 있겠습니다. 물론 최근에는 살아 있는 개를 폐기처분 하는 일은 많이 사라졌지만 말입니다. 그리고 보

면 시골 장터에서 개를 파는 일이 있었죠. 밤거리 노상에서 다 큰 개를 팔고 있는 모습을 보면 불쌍한 생각이 들기도 했습니다. 그것도 세퍼드가 줄에 묶여 있는데 모두들 비쩍 말라 있었지요.

Q75. 털이 긴 개인데 더워 보여서 깎아 주려고 합니다. 괜찮을까요?

애견 대회에 나가는 것이 아니라면 여름철엔 미용실에 데리고 가서 싹 밀어주세요. 예전에 더위에 약하고 체력이 약해진 늙은 페키니즈가 있었는데 파리가 알을 까서 구더기가 생긴 적이 있었습니다. 그러니 이런 일을 예방하기 위해서라도 여름철엔 밀어주는 게 좋습니다. 개는 대머리 같다고 부끄러워하는 일은 없으니까요. 오히려 기분이 좋아서 날 뛸 것입니다. 하지만 집에서 가위로 직접 잘라 주는 것은 피하는 것이 좋습니다. 잘못해서 피부에 상처를 입힐 수도 있으니까요. 특히 귀나 허벅지 안쪽의 얇은 피부, 생식기나 젖꼭지 등은 가위에 베이기 쉽습니다. 즉 애견 미용 전문 미용실에서 개전용 가위로 잘라 주는 것이 좋습니다. 제 친구들 중에도 털이 긴 개를 많이 기르고 있지만 여름철엔 모두들 싹싹 밀어주고 있습니다. 그대로 놔두면 겨울까지 다 자라게 되니까 헝클어져 있던 털도 정리가 될 수 있는 기회가 될뿐더러 피부병도 예방할 수 있죠. 게다가 매년 여름철엔 더위로 죽는 개가 반드시 생깁니다. 일사병이 아니라 열사병으로 말이죠. 즉 열사병으로 죽는 긴 털의 개. 생각만 해도 너무 불쌍하군요. 또 털이 너무 길면 바닥의 먼지를 온통 다 쓸고 다니게 되니 불결하기도 합니다. 마치 걸레질을 하는 것처럼 먼지를 뒤집어쓰고 걷는 모습을 보면 싹싹 밀어주고 싶은 생각이 절로 듭니다. 그리고 또 한 가지 말씀드리면 털을 깎아 주었다고 안심하지 마시고 여름엔 에어컨도 틀어 주세요. 더위로 죽는 개가 의외로 많습니다.

SECTION 5.
개의 역량

" 혀만으로 느끼는 미각자체는 사람과 비교했을 때 아주 형편없습니다.
그러나 미각이란 단지 혀로만 느끼는 것이 아니죠.
예를 들어 어릴 때 싫어하던 음식은 코를 막고 먹었던 기억이 있습니다.
그러면 맛을 모르니까요.
이처럼 혀만으로 미각의 우월을 가리기는 좀 어려운 면이 있습니다.
특히 개의 경우는 혀의 감각에 비해 후각이 굉장히 발달해 있는 동물입니다. "

네. 이해합니다. 저희 집 개의 경우만 봐도 녀석은
한밤중에 감시카메라의 모니터를 봅니다. 그리고 모니터에 수상한
인물이 있으면 당장 그 카메라가 비추는 현장으로 달려갑니다. 즉
TV화면 속으로 돌진하는 경우는 없습니다. 따라서 개도 TV화면과
같이 추상적인 것에 대해서는 이해를 하는 것 같습니다. 그리고 TV
드라마에 '움직이면 쏜다', '할복해라' 등의 과격한 장면이 나올 때
도 개는 그것을 드라마로써 보는 것이지 현실의 상대로 여기지 않습
니다. 다시 말해 현실세계와 가상의 공간을 이해한다고 할 수 있겠
죠. 즉, 개는 TV를 보면서 이해한다고 말할 수 있겠습니다.

Q77. 개는 그림을 이해할까요?

피카소의 그림을 보며 감동한다든지 하는 일 같은 것은 무리죠. 하지만 그림에 따라 만일 어느 그림을 보여주고 난 뒤 먹이를 준다든지 하는 조건제시를 할 경우는 이해하지 않을까요. 즉 TV에서처럼 예를 들어 그림에 먹이가 그려져 있다고 해서 그것을 먹으려는 행동은 하지 않지만 연상은 할 것으로 생각됩니다. 개 줄 사진을 보면 산책을 연상하듯 말입니다.

그림 이야기와는 좀 벗어난 얘기지만 '빅터'라는 상표가 있습니다. 상표엔 개가 고개를 갸웃하며 축음기를 듣고 있는 모습이 그려져 있죠. 그런데 그것은 음악을 듣고 있는 것이 아니라 죽은 주인의 목소리를 듣고 있는 것입니다. 그래서 밑에 'His Masters Voice(그의 주인 목소리)'라고 씌어 있습니다. 전쟁으로 죽은 자기 주인의 목소리를 축음기를 통해 듣고 있는 것이죠. 개는 자신의 주인이 축음기 안에 있다고는 생각하지 않지만 거기서 들려오는 소리가 주인의 목소리라는 것은 인식하며 생각해 내는 것입니다. 연상하고 있는 것이죠.

목소리라고 하는 것은 개에게 가장 알기 쉬운 것입니다. 물론 개는 소리와 냄새의 달인입니다. 그리고 그에 비하면 시각은 형편없지요. 심한 근시니까요. 예전 다리골절을 당한 개를 잠시 맡은 적이 있었는데 재활운동을 시키기 위해 밖에 데리고 나간 적이 있었습니다. 그런데 횡단보도 건너편에 한 뚱뚱한 여자가 서 있었죠. 개는 그 여

자가 자기 주인인 줄 알고 기뻐서 꼬리를 흔들었습니다. 그러나 주인이 아니었습니다. 얼핏 보면 아주 닮았지만 전혀 다른 사람이었으니까요. 결국 개가 틀린 것이죠. 길 건너편이니 냄새를 맡을 수 없었을 뿐더러 자동차 소리에 목소리도 들리지 않았기 때문에 시력이 좋지 않은 개는 결국 주인을 잘못 알아봤던 것입니다.

Q78. 개 인형을 보고 자신과 닮았다는 인식을 할까요?

네. 인식합니다. 실제로 주인이 털이 복슬복슬한 인형을 귀여워하면 개는 집요하게 그 대상이 누군지 확인하려고 합니다. 그리고 그것이 비록 생명체가 아닌 것을 판단했더라도 질투를 하는 경우가 있습니다. 주인이 자기 이외의 것에 흥미를 갖는 것이 싫은 것이죠.

Q79. 개에게 수의 개념이 있나요?

　　　　　　　　　제가 지금까지 개를 살펴본 바로
는 수나 양, 시간의 개념은 없는 것 같습니다.
먼저 수를 살펴보면 어미가 자신의 귀하디귀한
새끼에게 젖을 물리고 있을 때 사람이 그 새끼
를 안으려고 하면 '안 돼요' 라고 합니다. 경계하는 것이지요. 그러나
잠깐 한눈파는 사이에 데려다 다른 사람에게 주면 어미는 미처 눈치
채지 못합니다. 그리고 차례차례 한 마리씩 없어져도 모르다가 마지
막으로 다 없어지고 나면 그때서야 안절부절못하고 새끼를 찾습니
다. 즉, 계산이 안 되는 것입니다. 한 마리 한 마리는 인식이 되는데
전체의 수는 도저히 계산이 안 되는 것이죠.

　다음은 양을 살펴보겠습니다. 제가 카레라이스를 먹고 있으면 개
역시 달라고 난리입니다. 하지만 개에게 카레라이스는 그다지 좋지
않은 음식이므로 안 주게 됩니다. 그러면 개는 곧 '흥' 하고 삐집니
다. 그래서 다 먹고 난 뒤 숟가락이라도 빨라고 주죠. 아니면 밥풀 몇
알을 신문지 위에 떨어뜨려 주기도 합니다. 그러면 그것으로 개는 만
족스러워 합니다. '아빠와 같은 것을 먹는다' 고 만족하며 기뻐하며
잘 놉니다. 같은 것이면 되는 것입니다. 즉 사람은 주먹밥 다섯 개를
먹고 개에게는 한 개만 주더라도 '우리 아빠 정말 쩨쩨해' 라고는 생
각하지 않습니다. 결국 양은 관계없는 것이죠. 예를 들면 저는 늘 편
의점 도시락을 먹고 있습니다. 개에게 주는 사료비와 비교해 보면 사
료가 3배정도 더 비싸지요. 게다가 통조림도 섞어 주고 있거든요. 분

명히 말해서 칼로리나 영양 밸런스, 어쩌면 맛까지도 제 도시락보다 더 나을지 모릅니다. 그런데도 개는 그것이 싫다고 합니다. 오직 주인과 같은 것이 좋다고 말이죠. 생선 한 토막 주고 나면 전 김 몇 장밖에 안 남는 데도 말입니다. 그래도 사람 먹는 것이 먹고 싶은 것이죠. 마지막으로 시간, "지금 원고 쓰고 있으니까 기다려"라고 하면 언제까지고 기다립니다. 개에게 '일' 이란 개념은 없지만 편의상 일이라고 합시다. '아빠가 일 끝나면 산책 데려가 줄 거야' 라고 말하면 개는 하룻밤 내내 기다립니다. 그것이 개의 시간관념이지요.

Q80. 개는 자신이 치료받고 있다는 것을 이해할까요?

기본적으로는 치료받는 행위 자체를 싫어하지만 대개는 이해합니다. 예전에, 지금은 아주 드문 일이지만 알레르기성 천식 발작을 일으키는 개가 있었습니다. 그 개는 어느 계절이 오면 무엇인가에 알레르기를 일으켜 숨도 제대로 쉬지 못할 정도로 심하게 됩니다. 이것은 보통 주사를 맞으면 금방 좋아지는데, 개도 그 치료 효과를 실감할 수 있었던 것 같습니다. 그래서 주사를 맞으면 금방 발작이 멈춘다는 것을 개도 잘 이해하고 있었지요. 그래서 개는 고통스러워지면 저 혼자 병

원에 오는 일도 몇 번 있었습니다. 개가 먼저 오고 주인은 나중에 뒤따라오고 말이죠. 조금은 놀라운 일이죠?

Q81. 개가 개를 산책시킬 수 있나요?

네. 있습니다. 특히 산책에 익숙하지 않은 개는 익숙한 안내견이 있을 경우 그 옆에 붙어서 이리저리 안내견이 가는 데로 따라다니는 현상을 볼 수 있습니다. 예전에 저도 공원에서 개 몇마리가 산책하는 것을 보았는데 다른 개들이 전부 암캐 한 마리를 뒤쫓아 가더군요. 그런데 돌아올 때 보면 길을 알고 있는 개가 맨 앞에 서서 오는 것을 볼 수 있었습니다. 그리고 그 개가 없을 경우는 모두가 길을 잃고 어찌할 바를 모른 채 서 있더군요. 길을 알고 있는 개가 모두를 유도하는 것이 분명한 것이지요.

Q82. 개도 애완동물을 기를 수 있나요?

기를 수 없습니다. 물론 간혹 개가 오리새끼를 돌본다거나 고양이 새끼에게 젖을 물린다거나 또 새끼 원숭이를 기른다는 뉴스를 볼 수 있긴 하지만 그것은 어디까지나 '얘는 내 새끼'라고 착각하는 것뿐입니다. 따라서 애완동물이라 함은 자신의 아기도 아니고 먹기 위한 것도 아니며 단지 봐서 귀엽고, 있어도 없어도 상관없는 의미의 생명체라고 한다면 그런 의미로써 개는 애완동물을 기를 수 없습니다.

Q83. 개가 아픔을 느끼는 감각은 사람과 비교해서 얼마나 민감한가요?

사람과 개가 느끼는 아픔은 일반적으로 같습니다. 단지 입안의 통증은 사람에 비해 잘 느끼지 못하는 것 같습니다. 예를 들어 턱이 부숴 질 정도로 심한 충치를 앓고 있다고 합시다. 이가 썩어서 고름이 흐르고, 고름은 곧 턱까지 차고, 턱은 금방이라도 두 쪽이 될 지경인데 개는 약간의 침만 흘릴 뿐, 주인이 금방 알아차리지 못하는 경우가 많습니다. 그래서 입 안의 통증에 대해서는 사람

에 비해 둔감한 것이 아닌가 생각합니다. 반대로 고양이는 입 안의 통증에 대해 굉장히 민감합니다. 입 안에 좁쌀만한 크기의 염증만 생겨도 천장까지 뛰어오르며 야단법석을 떨지요. 한편 고양이는 다리 골절 등의 질병에 걸렸을 경우, 스스로 낫기도 하는데 반해 개는 아파서 어쩔 줄 모르는 것이 개와 고양이의 차이점이라고 할 수 있겠습니다. 즉 개와 고양이는 부위에 따라 통증을 느끼는 정도 역시 정 반대인 것입니다. 그리고 이 외에는 전부 일치하는 것 같습니다. 예를 들어 숲을 헤매다 작은 나뭇가지에 눈이라도 찔리면 금방 눈물을 줄줄 흘리고 아파서 한 쪽 눈을 찔끔 감기도 합니다. 즉 맞으면 아픈 것은 당연하고. 개나 고양이나 느끼는 통증은 같은 것이죠. 그러나 사람에게는 소란을 피울 정도의 통증이라도 개에게는 그다지 대수롭지 않은 것 같습니다. 어쩌면 사람이 좀 오버하며 엄살을 피우는 것일지도 모르겠군요. 원숭이들의 경우도 사람처럼 유난히 엄살이 심한 편입니다. 그래서 실제로 병원에 올 때 보면 '이 원숭이 이러다 죽는 거 아냐' 할 정도로 오버가 심하죠. 작은 상처나 가벼운 질병일 뿐인데도 말입니다.

Q84. 개는 어느 정도의 미각을 갖고 있나요?

혀만으로 느끼는 미각자체는 사람과 비교했을 때 아주 형편없습니다. 그러나 미각이란 단지 혀로만 느끼는 것이 아니죠. 예를 들어 어릴 때 싫어하던 음식은 코를 막고 먹었던 기억이 있습니다. 그러면 맛을 모르니까요. 이처럼 혀만으로 미각의 우월을 가리기는 좀 어려운 면이 있습니다. 특히 개의 경우는 혀의 감각에 비해 후각이 굉장히 발달해 있는 동물입니다. 따라서 실제로 맛을 느끼는 감각은 혀만이 아닌 냄새를 맡는 감각 또한 크게 관여하고 있는 것 같습니다.

Q85. 개는 음식이 상한 것을 알까요?

네. 압니다. 사실 원래 개는 '스캐빈저(Scavenger : 썩은 고기를 찾아다니는 동물)' 였습니다. 즉 사람과 가까이 하기 전에는 모두 무리를 지어 다니며 죽은 동물의 고기를 먹으며 살았다고 합니다. 마치 지금의 하이에나처럼 말이죠. 일격 필살형인 고양이과 동물들처럼 혼자 힘으로는 상대를 습격할 만큼 능력이 우수하진 못했던 것이죠. 즉 개는 주워 먹는 생명체였던 것입니다. 따라서 다소 썩었다는 것을 알아도 그냥 먹습니다. 그 정도로 배가 아프거나 하진 않으니까요. 또 항균작용이 있는 수액과 강한 위산으로 한방에 세균을 죽여 버리기 때문에 다른 동물에 비해 상한 음식에 대한 면역력이 강하다고 볼 수 있습니다. 하지만 그렇다고 해서 일부러 상한 음식을 줄 필요는 없겠죠.

Q86. 직업견(경찰견, 맹인안내견 등)들은 자신이 일을 하고 있다고 지각할까요?

개에게는 '일' 이라는 개념 자체가 없습니다. 따라서 사람들은 맹인안내견이나 경찰견, 목양견, 마약견 등을 훌륭한 일

을 함으로써 사람에게 도움을 주는 동물이라고 해석하고 있지만 사실 그들의 입장에서는 그저 즐기고 있을 뿐입니다. 그렇다면 그들은 무슨 생각을 하며 자신들의 일을 하고 있을까요? 먼저 마약 수색견부터 살펴보겠습니다.

　　마약 수색견은 공항과 같은 곳에서 활약하고 있는 개로 숨겨 놓은 마약을 찾도록 훈련시킨 개입니다. 간혹 어떤 사람들은 미리 개를 마약중독이 되게 만든 후 마약을 간절히 원하게 되도록 길들이는 것이라고 하는데 이는 사실과 다릅니다. 단지 마약을 준비해 냄새를 찾도록 훈련시킨 것이죠. 또 단 한번에 맞추면 그 보상으로 주인이 함께 놀아주기 때문에 개는 주인과 놀기 위해서라도 마약을 찾아내려는 목적에 머리와 후각을 전부 동원합니다. 따라서 형사들이 '수사는 우리의 일' 이라고 말하는 경우와는 다른 '일' 의 의미라고 볼 수 있습니다. 개는 단지 '이게 정확히 뭔지는 몰라도 이 냄새를 찾아내면 포상이 있다' 라고 생각하며 찾는 것뿐입니다. 즉 그 포상이란 수건 물고 잡아당기기 놀이 등과 같은 것으로 먹는 것보다 더 좋아하는 일종의 산책과 같은 놀이입니다.

　　경찰견을 살펴보겠습니다. 경찰견 역시 자신들이 어떤 일을 하고 있는지 정확히 이해하지 못합니다. 즉 벽을 뛰어 넘거나 같은 냄새를 찾아내거나 골라내는 일에 무슨 의미가 있는지, 무엇 때문에 이 일을 하고 있는지 알지 못하는 것이죠. 단지 그 일을 하면 주인이 기뻐한다는 것을 알고 있습니다. 즉 공격훈련과 냄새추적에 관해 잘 해내면 주인이 기뻐하니까 자신도 원해서 하게 되는 것입니다. 게다

가 공격과 추적은 개의 본능이므로 본능도 만족시키고 좋아하는 사람도 기뻐해 주고 그 결과로 자신도 즐거우니 이 일은 오히려 하지 않는 게 이상할 정도지요. 실제로 경찰견의 경우엔 일을 시키다가 그만하게 하는 것이 더 어렵다고 합니다. 본능적인 일이기 때문이죠. 따라서 일을 하다가 도중에 멈추게 하는 것이 훈련관들의 일입니다. 바로 훈련관의 실력을 알 수 있는 일이기도 하지요. 특히 도베르만의 경우는 한번 머리에 피가 끓어오르면 도대체 멈추지 않습니다. 마치 남자들이 섹시한 여자를 보고 반응하는 일과 같지요.

　다음은 맹인안내견에 대해 알아보겠습니다. 맹인안내견은 필요한 곳이 너무 많은데도 불구하고 아직은 수적으로 너무 부족한 상태입니다. 또 그 능력에 비해 제대로 인정받지 못하는 존재이기도 하지요. 어떻게 보면 다른 개들에 비해 불쌍하다고까지 표현할 수 있겠습니다. 개로서의 본능을 전부 억제당해야 하니까요. 즉 뛰어도 안 되고, 아양을 떨어도 안 되고, 주인을 시키기 위해 싸움도 하고 무리를 이루는 동물인데도 불구하고 그것마저 금지됩니다. 또 수캐의 경우는 거세당하고 암캐도 불임수술을 받아야 합니다. 이성에 대한 흥미 자체를 자제시키죠.

　보통의 맹인안내견이 되기 위해서는 먼저 인간의 사회에 대한 공부를 시키기 위해 일반가정으로 입양을 보냅니다. 그리고 소질이 있는 녀석의 경우 훈련소에서 별도의 훈련을 받아 안내견이 되는 것이죠. 보통 개들은 훈련소에 들어가면 가정에서 살 때의 주인만 생각하며 살아갑니다. 그럼 반대로 소질이 없는 개는 어떻게 될까요? 보통

입양했던 집에 싸게 팔게 됩니다. 그 많은 개들을 훈련소에서 다 키울 수는 없으니까요. 맹인안내견으로 가장 많이 사용되고 있는 래브라도 리트리버라고 하는 개는 원래 사냥꾼과 함께 산이나 들로 나가 사냥꾼이 총으로 쏘아 맞힌 사냥감이 호수 속으로 떨어지면 물 속으로 들어가 물어 오던 개입니다. 그만큼 활발히 활동하는 개이지요. 물론 개는 원래 활동적인 동물입니다. 그런데 맹인안내견의 경우는 이런 개로서의 모든 특징을 전부 금지당한 개입니다. 예를 들어 사람이 사람으로서의 특징, 노래 부르거나 이야기하거나 보고, 듣고 하는 일을 전부 못하게 한다고 생각해보십시오. 아마 어떤 사람은 하루 종일 TV를 보지 못하게만 해도 무척 힘들어할 것입니다.

맹인견을 키우는 장애인들 중에도 두 종류가 있습니다. 하나는 안내견을 마치 자식처럼 사랑해서 같은 식구로 생각하는 경우이고, 또 하나는 단지 지팡이에 불과하다는 생각을 갖고 부려먹기만 하는 경우입니다. 이런 사람들은 보통 개가 죽거나 해도 슬퍼하지 않습니다. 또 하나 더 말하자면 모처럼 훈련시킨 맹인견을 애완견 취급을 해 버리는 경우인데 이런 사람은 결국 개에게 끌려 다니게 됩니다. 개를 데리고 있으나 지팡이에 의지해 걷는 꼴이 되는 것이죠. 맹인견이 주인과 함께 걷는 것은 일반적인 산책과는 다른 의미입니다. 그도 그럴 것이 일반 개들에 비해 맹인견의 산책은 산책의 요소가 모두 ㅋ제되어 있습니다. 즉 이들의 산책은 일종의 사명감입니다.

목장에서 양치는 개의 경우를 살펴보겠습니다. 이들은 본능적으로 그리고 대대로 일을 해 온 경험이 풍부한 개입니다. 즉 개는 본능적으로 양을 몰기 때문에 주인은 양을 옮길 장소를 개에게 인식시킨

후 그 장소에 제대로 몰아넣을 수 있도록 훈련시킵니다. 양치기 개로는 몇 종류가 있지만 그 중에서도 포터 코리라는 개는 태어나면서부터 양을 몬다고 합니다. 양치기 개는 동물을 쫓아 한 곳에 몰아넣는 개의 습성을 살려 일이 아닌 놀이로 생각하고 움직입니다. 이런 습성은 개의 본능이죠.

Q87. 물건 사오는 심부름을 시키려면 어떻게 해야 하나요?

아, 심부름 하는 개 말이군요. 사실 요즘 같은 세상에 개가 혼자 심부름을 하러 밖에 나간다면 주위에서 말들이 많을 텐데요. 요즘은 개를 줄로 매지 않고 밖에 나가는 것조차 싫어하는 사람들이 많으니까요. 더구나 자동차가 많아서 길도 복잡하고 동물을 학대하는 변태적인 사람들도 많습니다. 또 어쩌면 동물 보  호소에 길을 잃은 개가 있다고 전화하는 사람도 있을지 모릅니다. 따라서 예전처럼 바구니에 천 원짜리 한 장 넣어 입에 물려주고 두부 한 모 사오라고 하는 것은 좀 어려울 것 같습니다. 그러나 시골에 살며 자동차도 별로 안 다니고 식구가 많아 바빠 어쩔 수 없이 개의 도움이 필요하다면 먼저 개와 함께 장보기를 하면서 순서를 기억시키

는 일이 중요합니다. 즉 길 찾아가는 순서와 물건 사는 순서, 그리고 바구니를 입에 물려 장보기에 보내 보는 것이죠. 이것을 할 수 있게 되면 다음은 점원이 바구니에 물건을 넣어 주는 일에 익숙해지도록 하는데 점원이 물건을 넣어 주려고 할 때 무서워서 뒷걸음질치면 장보기가 안 되겠죠. 한편 이때 점원이 돈을 집을 수 있도록 하는 훈련 역시 필요한데 주인과 함께 동행 하여 계속 이 일을 반복하게 하는 것이 중요합니다. 그렇게 반복하다 보면 할 수 있게 되지요. 물론 개가 할 수 있게 되기까지는 주인과 함께 개의 상당한 인내심을 필요로 합니다. 개는 싫증을 잘 내니까요. 더구나 입에 바구니를 물고 장거리를 걷는 것은 개가 좋아하는 일이 아닙니다.

개는 길을 기억해서 그대로 그 길로만 가는 버릇이 있습니다. 예를 들어 산책할 때 항상 같은 코스로 다녔다면 자기가 앞장서서 늘 가던 코스대로 길을 따라 가지요. 중간에 이상한 골목길로 들어가는 일은 거의 없습니다. 개의 이런 습성을 잘 이용하여 인내심을 가지고 잘 훈련시킨다면 주인 없이도 혼자 잘 해낼 것입니다. 그러면 장보기 훈련을 시킨 개에게 다른 가게에서 물건을 사오도록 시킨다면 할 수 있을까요? 못합니다. 불가능 하지요. 항상 일정한 코스를 걷는 것처럼 장보기도 항상 정해진 상점에서만 가능한 것이고요. 하지만 개는 정말 충실합니다. 오는 도중에 바구니 안에 있는 음식을 먹어 치우거나 하는 일은 없으니 말입니다. 주인이 하는 말을 이렇게 잘 듣는 동물은 아마 세상에 다시없을 것입니다. 아주 천성적으로 성실하죠. 사람은 명령을 받게 되면 꼭 해야 할 일도 하기 싫어지는데 개는 자신이 좋아하고 있는 주인을 위해서라면 정말 무엇이든지 합니다.

Q88. 개가 노인 돌보는 일을 도울 수 있을까요?

직접 돕는 일은 불가능 합니다. 그러나 치매 방지에는 도움이 되죠. 아무리 개를 키우는 일이 쉽다고 해도 사실 개를 키우는 일에는 손이 많이 갑니다. 신발을 물어다 여기저기 갖다 놓기도 하고, 방안을 온통 털로 어질러 놓기도 하니까요. 또 목욕도 시켜야 하고 먹이도 주어야 하기 때문에 사실 개는 혼자서 아무것도 할 수 없습니다. 따라서 개를 키우는 주인은 쉴 틈이 없지요. 고양이 같으면 함께 아랫목에 마냥 앉아 있을 겁니다. 그러나 개는 자꾸 밖에 나가자고 하니 귀찮아도 데리고 산책을 해야 합니다. 따라서 노인의 경우는 개 덕분에 공원에서 햇볕을 쬐거나 공원에서 자신의 개가 다른 개들과 노는 것도 구경하기 때문에 치매 등의 노인성 악화에는 효과가 있습니다. 사실 개를 키우다 보면 치매에 걸릴 여유가 없을 정도로 바쁘니까요. 실제로 개를 기르는 노인들을 살펴보면 다른 노인들에 비해 더 젊은 것을 알 수 있습니다.

12년 전 쯤 제가 견습생 시절이었을 때부터 알고 있는 환자가 한 분 있습니다. 이 분은 암으로 여러 차례 수술을 받으셨지요. 그런데

매번 수술할 때마다 거짓말처럼 좋아져서 돌아옵니다. 그래서 제가 궁금증에 못 이겨 물어봤더니 그분 말이 자신이 지켜 줘야 할 개가 아직 있어 암 같은 것으로 죽을 수 없었다고 하더군요. 정말 암으로 죽을 만큼 한가할 시간이 없는 것이죠. 이런 의미로 볼 때 개가 직접적인 노인 간호는 할 수 없지만 노인 간호가 필요하게 되지 않도록, 건강을 유지할 수 있도록 하는 데는 도움이 된다고 생각합니다. 더구나 사람과 개는 서로 대화가 되지요. 표현을 서로 인식하니까요.

Q89. 같은 품종이라도 사람처럼 능력의 차이가 있나요?

네. 있습니다. 일본인 중에도 부지런한 사람이 있는가 하면 게으른 사람이 있는 것처럼 같은 품종이라도 전문적인 능력의 차이는 반드시 존재합니다. 즉 래브라도는 원래 물속에 들어가는 것을 좋아하는데 무서워하는 녀석도 있습니다. 이것은 아주 당연한 일입니다. 새끼 때부터 물에 잘 들어가는 녀석에 비하면 다 커서 겨우 수영할 수 있게 된 녀석은 많이 느릴 수밖에 없지요. 이처럼 전

문적인 일을 하도록 만들어진 같은 품종의 개라도 능력의 차이는 있습니다.

Q90. 개의 지능은 사람의 나이 얼마쯤에 해당 될까요?

단호히 말해서 4세입니다. 따라서 생후 6개월쯤 된 개는 아무것도 모르는 동물일 뿐입니다. 사람과 오래 같이 지낸 성견의 지능이 4세라는 것이죠. 제 생각에 어떻게 그런 기준이 성립되었는가 하면 실제 제 동생이 네 살 때 했던 말하는 것과 듣는 것, 이해력 등의 능력이 6년에서 7년 함께 살아 온 개와 비교했을 때 거의 같은 정도의 능력을 가지고 있다고 느꼈기 때문입니다.

예를 들어 자기물건과 남의 물건을 구별한다는 것은 상당히 추상적인 것으로 고도의 정신활동입니다. 그런데 개는 그것이 가능합니다. 또 사람에게 마음을 쓰는 것도 가능하지요. 그러나 두세 살 난 어린아이의 경우에는 그런 일이 불가능합니다. 하지만 네 살이 되면 얼굴색을 보고 상대의 기분을 생각할 수 있게 됩니다. 즉, 본능대로 움직이는데서 조금 발전했다는 느낌, 그것이 대개 네 살 무렵일 때부터죠. 그래서 네 살 정도 되면 웬만큼 좋은 것과 나쁜 것도 구별하게 됩니다. 경우에 따라서는 고도의 지적활동을

보이기도 하고요. 물론 그렇다고 해서 개를 유치원에 보낼 수는 없습니다. 유치원에서 노래하고, 춤출 능력은 없으니까요. 다만 생활하는 가운데서의 지능이 사람의 네 살 정도라는 것입니다.

SECTION 6.
개의 불가사의한 점들

> 재주를 가르치는 것 자체가 개에게 고통이 되지 않게 해야 합니다.
> 즉 재주나 훈련, 길들이기를 할 때 사탕과 회초리,
> 다시 말해 칭찬과 벌을 번갈아가며 사용해야 하는 것입니다.
> 잘못하면 손으로 때려 주는 것도 피할 수 없는 중요한 일이기는 하지만
> 그것보다는 길들이기, 재주를 익히는 등의 훈련은 재미있는 것이라는 생각이 들게끔
> 가르쳐 나가는 것이 중요합니다.

Q91. 개는 마치 주인이 돌아오는 시간을 알고 있는 것 같아요.

이 질문에 대한 답은 제가 젊은 시절부터 생각해 오던 연구주제이기도 합니다. 제 생각에도 개는 분명히 주인이 돌아오는 시간을 압니다. 약간의 차이를 두고 미묘하게 시간이 어긋나는 경우도 있겠지만 개 역시 미묘하게 그 시간을 느끼고 기다리는 것이죠. 예를 들어 제가 밖에 외출을 합니다. 그리고 기분전환으로 드라이브를 하러 나가면서 개에게 언제 돌아온다는 말 같은 것은 하지 않습니다. 즉 피곤한 몸으로 축 처져서 돌아올지 아니면 돈이 다 떨어져야 돌아오게 될지 모르는 것이죠. 그것은 나 자신조차도 알 수 없습니다. 물론 귀가시간을 정해 놓은 것도 아니고요. 그래서 어디 '시부야(일본 도쿄도(東京都) 시부야구(區)의 시부야역(驛)을 중심으로 하는 번화가)' 근처를 배회하다가 '별로 재미없다, 집에 돌아가야

지' 라고 생각했는데 그 때가 밤 11시었다면 개는 그 시점에 이미 기다리기 시작하는 것입니다. 제가 이런 이야기를 하면 모두들 "그건 신발소리로 아는 거야"라든지 "자동차 엔진소리로 아는 거야"라고 말하지만 말입니다. 물론 확실히 그런 면도 있겠죠. 하지만 절대로 음파가 전달 될 수 없는 몇 킬로미터 떨어진 곳에서 '이제 집에 가야지' 라고 생각하는 순간에 개는 현관에서 기다리고 있는 것입니다. 그래서 제 아내의 경우에는 개가 기다리기 시작한 시간부터 계산해서 제가 어디쯤 있는지 알아차립니다. 때문에 제가 "옆 공원에 있었어"라고 아무리 말해도 아내는 제게 "사실대로 말해요, 그럼 30분 동안 뭐 했어요?"라고 질문합니다. 그러면 저는 어쩔 수 없이 "응, 사실은 시부야에 있었어"라고 합니다. 그러면 아내는 다시 "그럼 그렇지. 30분전부터 저 녀석이 현관에서 당신을 기다리고 있었어요" 이렇게 말합니다. 그 전까지도 공을 가지고 잘 놀고 있었는데 갑자기 공을 떨어뜨리고는 왠지 불안한 듯 현관 쪽으로 부랴부랴 간다는 것입니다. 그것도 한두 번이 아니라 몇 번씩 말입니다.

　호주의 어느 부족 이야기입니다. 호주의 원주민인 애버리지니는 남자들이 1주일 혹은 2주일씩 사냥을 하러 갑니다. 그런데 남자들이 돌아올 시기가 되면 마을에 남은 노인과 여자, 아이들은 멀리 떨어진 곳에서도 '앗 지금 우리 남편이 잡았다', '우리 아들이 잡았다' 하는 것을 안다는 것입니다. 전화도 우편물도 심지어 전령비둘기가 있는 것도 아닌데 말입니다. 게다가 마을에 남은 사람들은 남자들이 사냥감을 많이 잡았는지 적게 잡았는지 까지도 알아차리고 언제 돌아온다는 말도 없었지만 돌아오는 날을 정확하게 맞추어서 모두가 돌아

오는 길로 마중을 간다고 합니다. 물론 이것은 단지 어떤 '느낌' 이라고 말할 수 있는 것이 아닌지도 모르겠습니다. 느낌이라는 것은 경험으로 해결해 온 자세한 데이터가 모여서 그것을 일순간에 연산할 수 있는 것, 즉 경험과 문제, 사고, 작업, 해결, 이런 모든 것을 통틀어 큰일부터 작은 일까지 일순간에 연산할 수 있는 것이기 때문입니다. 따라서 느낌이라는 것은 분명한 통신 수단이 될 수도 있는 것입니다.

개와 사람의 관계에서도 이런 통신수단은 분명 있는 것이라 생각합니다. 즉 이것을 보통 표현하는 대로 '텔레파시' 라고 말하면 "또 그런 얘기! 믿을 수 없어" 하며 책을 집어 던지는 사람도 있을지 모르겠지만 지금껏 개와 함께 생활한 저로서는 이 사실을 받아들이지 않을 수 없습니다.

Q92. 개도 꿈을 꿀까요?

네. 꿉니다. 악몽을 꾸기도 하고 기분 좋은 꿈을 꾸기도 합니다. 그리고 가장 많이 꾸는 꿈은 뛰면서 무엇인가를 쫓는 꿈같은 것입니다. 어쩌면 개는 꿈속에서나마 그동안 참았던 울분을 풀고 있는지도 모릅니다. 개는 작은 동물을 쫓고 장난치는 것을 좋아하니까요. 하지만 현실은 대개 그렇지 못하죠. 따라서 어쩌면 꿈속에서나마 그런 장난을 하는지도 모릅니다. 간혹 개가

잠꼬대를 하는 경우를 볼 수 있는데 이때 "어이" 하고 흔들어 깨우면 놀라서 물려 할 때도 있습니다. 하지만 금방 정신을 차리고는 미안한 표정을 짓지요.

Q93. 개에게도 꿈(희망)이 있나요?

사람이 생각하는 것과 같은 꿈(희망)은 갖고 있지 않습니다. 개에게 있어 항상 있는 흥미란 주인과의 산책, 즉 주인과 같은 것을 먹고 싶은 것 등입니다. 따라서 개에게는 미래를 예측할 수 있는 능력이 아무래도 없는 것 같습니다. 그러니 장래에 이렇게 하고 싶다든지 하는 그런 꿈은 없겠죠. 단지 '주인이 빨리 돌아오지 않을까', '주인이 먹고 있는 저 그릇 속의 맛난 것을 같이 먹고 싶은데' 하는 것들이 희망일 뿐입니다.

Q94. 개는 한가로울 때 무슨 생각을 할까요?

아마 그것은 주인과 함께 산책하는 일에 대한 생각일 것입니다. 즉 90퍼센트는 산책, 10퍼센트는 먹는 것에 대한 생각입니다. 그리고 그 외에는 아무생각도 하지 않습니다. 간혹 무서웠던 일도 생각해 내는 것 같긴 하지만 개의 잠꼬대를 분석해 보면 90퍼센트가 주인과 함께 작은 동물을 쫓고 있는 꿈이고 10퍼센트는 가장 무서웠던 일을 꿈에서 다시 보는 일 같은 것입니다. 개에게 있어 무서운 꿈이란 주인에게 야단맞던 꿈입니다. 그러니 너무 심하게 야단치는 일은 삼가는 것이 좋습니다. 또 개는 혼자 집에 있는데 낯선 사람이 와서 마구 짖고 있는 것과 같은 상황의 꿈도 꾸는 것 같습니다. 즉 이런 꿈을 꾼다는 것은 한가할 때 그런 상황에 대해 생각하고 있다는 뜻입니다.

Q95. 개도 웃나요?

네. 분명히 웃습니다. 단지 웃는 얼굴의 표정을 지을 수 있는 개는 10퍼센트 정도이고 나머지는 웃는 얼굴의 표정이라고 해도 도저히 웃는 얼굴로 보이질 않습니다. 개는 보통 웃을 때 온 힘을 다해서 웃는데 그 표정이란 코는 위로 쑥 올라가고 얼굴은 주름 투성이, 눈이 가늘어지며 송곳니 4개가 보일정도로 잇몸이 드러나는 표정입니다. 또 킁킁거리는 표정을 짓는가 하면 코가 벌렁벌렁하는 표정을 지을 때도 있습니다. 한마디로 코미디입니다. 간혹 개들도 미소 띤 것과 같은 얼굴을 할 때도 있는데 그 표정은 입이 살짝 올라가고, 눈이 동그랗게 되어서 얼굴을 찡그려 붙이는 표정입니다. 특히 저희 집 개가 잘 웃는 편이기 때문에 사진을 찍어 주려고 하는데 생각보다 쉽지 않습니다. 우스꽝스러운 표정이 되어 카메라를 들면 개는 금방 '그건 뭐예요?' 하는 표정이 되어 웃는 표정을 바꾸어 버리니까요. 사람의 경우에는 "자, 웃어 봐" 하면 재미가 없다 해도 웃을 수 있지만 개는 그 순간의 기분이 얼굴에 정직하게 나타나는 동물이므로 "사진 찍게 그대로 있어 줘"라고 해도 그렇지 못합니다. 어쨌든 개 역시 웃거나 울고, 화내는 등의 감정 표현을 할 수 있습니다.

Q96. 숫자를 알아맞히는 개가 있는데 그건 어떻게 아는 것일까요?

사실은 주인의 마음을 읽고 있는 것입니다. 물론 문제를 내는 주인조차도 개가 어떻게 아는지 모르는 경우가 많습니다. 따라서 답이 적힌 종이 앞을 개가 지나려고 하면 문제를 낸 주인은 자신도 모르게 긴장하게 됩니다. 즉 개는 그런 주인의 긴장감을 읽는 것입니다. 따라서 주인이 모르는 답이라면 개 역시 알 수 없습니다. 반대로 주인만 알고 있고 다른 사람은 모르는 경우, 예를 들어 주인의 여자 친구가 몇 명 있나 하는 것은 개도 알아맞힐 수 없습니다. 그리고 주인이 알고 있는 한 개 역시 무엇이든 알아맞힐 수 있고요. 요컨대 개는 사람의 몸에서 발생되는 느낌을 읽는 것입니다. 진실을 파악하는 것이죠.

Q97. 개도 꽃이나 아름다운 경치를 보면 아름답다고 생각할까요?

답을 하기 전에 먼저 개는 심한 근시이고 또 색맹이라는 것을 말하고 싶습니다. 즉 개는 사람과 같이 시각에 의존하는 편이 아닙니다. 오히려 시각보다는 후각과 청각에 의지하는 부분이 많죠. 따라서 사람이 느끼는 세상과 개가 느끼는 세상은 상당히 장르가 다릅니다. 사람은 시각적인 동물이라 경치를 보고난 후에 공기냄새를 맡는다든지 새소리를 듣지만 개의 경우는 먼저 냄새를 맡고 그다음에 소리를 듣고, 마지막으로 보는 행동을 합니다. 때문에 사람이 관광지의 그림엽서를 보고 느끼듯 그림만 보고는 멋진 곳이라는 생각은 하지 못합니다. 그러나 지난 일을 추억하는 일은 개도 사람처럼 할 수 있습니다. 길을 타박타박 걷다가 무슨 냄새나 소리가 나는 것도 아닌데 뒤를 돌아다보는 일이 있지요. 마치 추억을 되새기듯 말입니다. 이것은 개가 가지고 있는 정서와 감각이라고 할 수 있습니다. 따라서 주인과 함께 즐겁게 보낸 기억이 있는 풍경, 경치 등에서는 그때의 즐거운 기분을 떠올리는 것입니다. 사람들은 이런 개의 행동을 보고 개도 사람처럼 경치의 아름다움을 느끼는 것은 아닌가 하는 생각을 합니다. 즉 사람이 경치를 보고 아름답다고 느끼는 감각과 비슷한 감각을 가지고 있는 것은 아닌가

하는 생각이죠. 곤충이라면 단 한개의 불필요한 행동을 하지 않습니다. 어떤 자극에 대해 자신이 살아남을 수 있도록, 그리고 자손을 남길 수 있도록 유리하게 반사행동을 되풀이 합니다. 그런데 사람들이 이런 곤충의 행동을 보고는 복잡해 보이고, 몇 가지 행동으로 정해서 생각하고는 합니다. 즉 개 역시 사람이 보기엔 무의미한 행동을 하는 것 같아도 사실 깊게 들여다보면 그렇지 않습니다. 개 역시 마음으로 느끼는 아름다움과 즐거움을 이해하는 동물이니까요. 전 이런 개의 행동들을 볼 때면 어딘가 사람과 같다는 느낌이 듭니다. 마치 사람 냄새를 풍기는 것처럼.

Q98. 재주를 가르치는 것이 개에게는 고통이지 않을까요?

재주를 가르치는 것 자체가 개에게 고통이 되지 않게 해야 합니다. 즉 재주나 훈련, 길들이기를 할 때 사탕과 회초리, 다시 말해 칭찬과 벌을 번갈아가며 사용해야 하는 것입니다. 과거, 동물에게 무엇인가 시킬 때에는 그것을 '조련' 이라는 말로 칭했습니다. 즉 오로지 회초리로 때려서 말을 듣게 하는 것이었죠. 하지만 지

금은 그런 시대가 아닙니다. 잘못하면 손으로 때려 주는 것도 피할 수 없는 중요한 일이기는 하지만 그것보다는 길들이기, 재주를 익히는 등의 훈련은 재미있는 것이라는 생각이 들게끔 가르쳐 나가는 것이 중요합니다. 요즘 추세이기도 하고요. 따라서 잘하지 못한다고 해서 때리는 것은 잘 된 교육이라고 할 수 없습니다.

　개에게 칭찬과 맛있는 간식으로 훈련을 시켜 보십시오. 그러면 교육을 받는 개 역시 주인을 기쁘게 해주려는 생각에 자기가 먼저 손을 내밀거나 뒷발로 서서 재주를 부립니다. 훈련 자체를 조금도 고통스럽게 생각하지 않는 것이죠. 그리고 재주를 가르치기에 앞서 개의 해부학적인 구조를 망가뜨릴 가망성이 있는 재주는 가르쳐서는 안됩니다. 백해무익하지요. 예를 들어 장시간 두 발로 걷는 것, 거꾸로 서는 것 등입니다. 이 외에도 여러 가지 비정상적인 재주를 가르치는 사람들이 있는데 개는 계속 두 발로 서 있게 되면 탈장이 되어 영원히 걸을 수 없게 되는 경우도 있습니다. 또 높이뛰기 훈련을 할 때는 착지하는 순간 아주 심하게 좌우허벅지 뼈와 허리뼈가 부러지는 경우도 있습니다. 사람이 생각하는 것처럼 개에게 있어 3미터나 되는 벽을 기어 올라가서 뛰어내리는 훈련이 개의 일생동안 몇 번이나 있겠습니까? 마치 액션배우 같이 멋있을지는 몰라도 그렇게 해서 남는게 개와 사람 사이에 무엇이 얼마큼이나 있습니까? 결국 개도 견디지 못하고 병이 날 것입니다. 따라서 개에게 훈련을 시킬 때에는 실용적인 범위 안에서 가르치고 시켜야 합니다. 예를 들면 "손", "앉아",

"기다려" 등과 같은 것이죠. 다소 이런 훈련이 시시해 보일 수는 있지만 매일 반복함으로써 주인의 말을 알아듣는 훈련이므로 주인과의 상호관계 역시 좋아질 수 있는 훈련입니다. 또 주인의 말을 들었을 때 주인이 기뻐한다는 것을 기억하도록 하는 훈련입니다.

Q99. 개에게 아무 일도 시키지 않는다면 어떻게 될까요?

만일 먼저 기르던 개에게 너무 많은 일을 시켜 죽일 뻔 한 적이 있었다. 그래서 이번에는 '손', '앉아' 등과 같은 것은 못해도 좋다며 방임주의로 개를 기르기로 한 주인이 있다고 합시다. 제가 이런 경우입니다만……. 그러면 개는 스스로 결정할 일을 만들어 실행합니다. 예를 들면 저희 집 개의 경우는 꼭 사료 한 알을 반드시 물에  떨어뜨리는 것입니다. 저도 처음엔 그것이 실수로, 우연찮게 흘린 것으로 알았습니다. 그런데 그게 아니었습니다. 전부 먹기 전에 꼭 한 알을 입에 물고 물에 떨어뜨린 다음 나머지를 먹는 것이었습니다. 그것에 대해 어떤 의미가 있는지는 저도 잘 모르겠습니다. 그리고 자기 물건은 마루 위에 그냥 놓지 않기로 정한 것 같기도 합니다. 제 장난감이나 뼈다귀는 꼭 제 가방이나 테이블 위에 올려놓거든요. 그리고 잠을 잘 때도 꼭 이불 위에서 먼저 잡니다. 그러다 1시간 정도 지나면 벌떡 일어나서 식탁 위에 놓아둔 개 껌을 물고 이번에는 제 아내 발끝에서 30분 정도 씹다가
다시 잠을 잡니다. 매일 이런 행동을 되풀이 하지요. 그리고 어쩌다 제가 늦는 날은 제 구두를 침대로 가져가서 구두를 껴안고 잠을 자기도 합니다. 이것도 스스로 정해 놓고 하는 일이지요. 그리고 8시가 되면 침실로 가서 제 베개를 잘근잘근 씹습니다. 이것도 정해진 일입니다. 아마 이런 행동은 그 시간이 되면 제가 돌아온다는 것을 짐작하고 때에 따라 기다리기 지쳐서 저에 대해 가장 잘 연상할 수 있는 물건을 찾아내는 행동인지도 모릅니다. 개에게 있어 그 물건이 바로 베개인 것이지요.

저희 집 개에게는 커다란 용변시트를 깔아 주고 있는데, 한번 그 위에 소변을 보면 그 다음에는 그 위에 보지 않습니다. 조금 더러워졌을 뿐인데 녀석은 그것을 다시는 사용하지 않습니다. 그리고 마루 위에 실례를 하지요. 이것 역시 녀석이 정해 놓은 규칙입니다. 또 한 가지, 제게는 사진을 찍는 취미가 있는데 때문에 렌즈를 닦거나 실리콘 천으로 카메라를 닦거나 하며 테이블 위에 카메라와 관련된 것들을 올려놓고는 합니다. 그리고 제가 잠깐 자리라도 비웠다 돌아와 보면 그 위에는 개 뼈가 나란히 놓여 있습니다. 개에게는 카메라뿐만이 아니라 자신이 소중하게 생각하는 물건 역시 나란히 놓고 싶어 하는 것이죠. 저와 제 동생은 무려 열여덟 살 차이가 나는데 그러고 보니 제 동생 역시 제가 소중하게 여기는 물건 옆에 자기 장난감을 나란히 갖다 놓고는 했던 기억이 납니다. 그 아이는 "이것은 형 것, 이것은

내 것"이라고 하면서 "똑같네" 하며 기뻐했었지요. 아마 개 역시 그런 기분인가 봅니다. 주인의 물건과 제 물건을 함께 나란히 놓고 "똑같네" 하고 말하고 싶은 것.

Q100. 개에게도 삶과 죽음에 대한 개념이 있나요?

예전에는 있다고 생각했었습니다. 이런 이야기가 있습니다. 아이가 없는 어느 한 부부가 아이 대신 개를 기르게 되었습니다. 이 부부는 마치 개를 자신의 친 자식인양, 사람처럼 대하고 키웠지요. 그러자 개 역시 시간이 지날수록 자신이 사람이라는 생각을 하게 되었습니다. 사람과 오랜 시간을 살게 되는 대부분의 개들처럼 말입니다. 그러던 어느 날 이 부부는 개에게 거울을 보여주었습니다. 단순히 호기심 섞인 장난이었죠. 그런데 순간 개는 자신의 모습을 비관하여 아파트 베란다에서 떨어져 자살을 했다는 것입니다. 이

194
| 개에 대해 알고 싶은 모든 것 |

이야기가 들릴 당시 개를 키우는 사람이라면 몹시 충격을 받았었습니다. 하지만 시간이 지나 되돌아보면 이 이야기는 잘못된 이야기가 아닐까 하는 생각이 듭니다. 개는 자신의 외모가 어떻든 전혀 관계없는 동물이기 때문입니다. 아마 동화처럼 개와의 친밀함을 나타내기 위해 만들어 낸 이야기가 아닐까요? 즉 어쩌다 보니 베란다에서 떨어진 것뿐인 거죠.

개는 자신이나 주인이 죽음으로 인해 이별하게 된다고는 꿈에도 생각하지 못하는 것 같습니다. 자신이 죽기 직전까지도 지금과 같은 생활이 계속 될 것이라고 생각하지요. 따라서 몸이 아픈데도 하룻밤 자고 일어나면 건강해져서 좋아하는 주인과 함께 늘 가던 공원에 가서 공놀이를 해야지 하고 생각합니다. 그러면서 서서히 죽어 가는 것이죠. 물론 이와는 반대의 경우도 있습니다. 예를 들어 자신은 살아 있는데 주인이 먼저 죽은 경우입니다. 개는 여기서 처음으로 동료(자기 주인이자 동료인)의 죽음을 경험합니다. 아직까지 개가 정말로 죽음에 대해 이해하고 알고 있는지에 대해서는 어떤 결론도 내릴 수 없지만 죽음을 맞이한 대상에 대해서는 '사라졌다. 더 이상 만날 수 없다' 등과 같은 감정은 갖고 있는 것 같습니다. 실제로 저희 병원에 오는 사람들 중에도 개보다 주인이 먼저 죽는 경우가 종종 있습니다. 그런데 그런 경우를 살펴보면 개가 눈에 띄게 늙는 것을 볼 수 있습니다. 사람도 배우자가 먼저 세상을 떠나면 갑자기 늙는 경우가 생기는데 개에게도 같은 일이 일어나는 것 같습니다. 늘 밝고 활동적이던 개가 갑자기 노화가 심해지고 우울해지는 것이죠. 놀지도 않고 잠만 자고요. 간혹 주인은 멀쩡하게 살아 있지만 자신이 버려지거나 다른

사람에게 입양이 되어 버린 경우역시 개의 성격은 난폭해지거나 갑자기 늙어지기도 합니다. 어쩌면 개는 자신이 죽어서 주인과 헤어질 때는 그것이 죽음이라는 것을 이해하지 못하지만 자신은 살아 있고 주인이 먼저 죽는 경우는 그것이 사람이 생각하는 삶과 죽음의 감정을 그대로 느끼는 것이 아닐까 합니다. 명확한 기분까지는 아니더라도 두 번 다시 만날 수 없다는 슬픔에 대한 것은 느끼는 것이죠.

　어쩌면 야생동물에게 삶과 죽음에 대한 것은 더 분명한 의식으로 작용하는지도 모릅니다. 우에노 원숭이 동물원에 가보면 자신의 새끼가 죽어서 그 몸이 다 썩었는데도 계속 안고 다니는 어미 원숭이를 볼 수 있습니다. 혹은 죽은 새끼를 입에 문 채 물 속을 헤엄쳐 다니는 마꼬 고래도 있지요. 또 죽은 새끼를 계속 코로 밀면서 바다를 여행하는 사찌, 동료의 시체를 나뭇잎으로 덮어 주는 코끼리도 있습니다. 그리고 마치 장례식이나 매장과 같은 비슷한 행동을 하는 야생동물도 있습니다. 즉 머리가 좋고 지능이 높은 야생동물일수록 이런 행동을 보이는 것이죠. 이에 비하면 개는 그 이상의 지능을 가지고 있는 데도 불구하고 웬일인지 자신의 죽음에 대해서는 그다지 이해하고 슬퍼하지 않는 것 같습니다. 따라서 개가 죽어 갈 때 주인이 너무 울거나 슬퍼하면 개는 정말 슬픈 마음이 되어서 죽어 갈지도 모릅니다.

자신은 '몸이 별로 좋지 않아. 여기서 한잠 자고 가야지.' 하고 생각할 뿐인데 '왜 모두들 이렇게 화난 얼굴로 울고 있는 거지?' 하고 의아해할 수도 있는 것이죠. 주인이 슬플 때는 개도 슬프고, 주인이 기

쁠 때는 개도 기쁘다는 사실을 잊지 마십시오. 사랑하던 개가 이 세
상을 떠날 때는 웃는 얼굴로 보내 주세요. 이것이 가장 좋은 그리고
멋진 애정표현이니까요.